水彩スケッチ 地球一周の旅

ピースボート101日の絵日記

久山一枝
Kazue Kuyama

日貿出版社

●寄港地の地名と到着日
●著者が寄港しなかった港
●　〃　立ち寄った空港

＊地図上の青い色は年間降水量を、ごくおおまかに表したものです（1971～2000年の平均値―財団法人水資源協会の資料より）。

◆一番濃いところは2,000mm以上
◆薄いところはだいたい2,000～500mm
◇色がついていないところは500mm以下
ちなみに日本は1,700mmです。

地球一周の旅から帰って

ピースボートに乗って101日という長いような、終わってみればあっという間の航海を終え、いつの間にか2年以上の月日が流れて過ぎてしまいました。いろいろな国を旅してきて、よかったと感じられることの一つは、国際ニュースが身近になったことです。

スケッチや写真を取り出してくると、本当にいろんなことが思い出されます。

思い返してみれば、何とぜいたくな時間を過ごしてきたことか…。参加できたのが夢のようです。

360度の大海原、水平線から昇る太陽、沈む夕日は格別で、心ゆくまで楽しんできました。青い空と白い雲、海風に吹かれながらの食事、言葉では言い表せない至福のひとときでした。

毎日見ても見飽きない海と空、朝日や夕焼けの写真が数え切れないほどたまってしまいました。いったい何枚撮ったことでしょう。

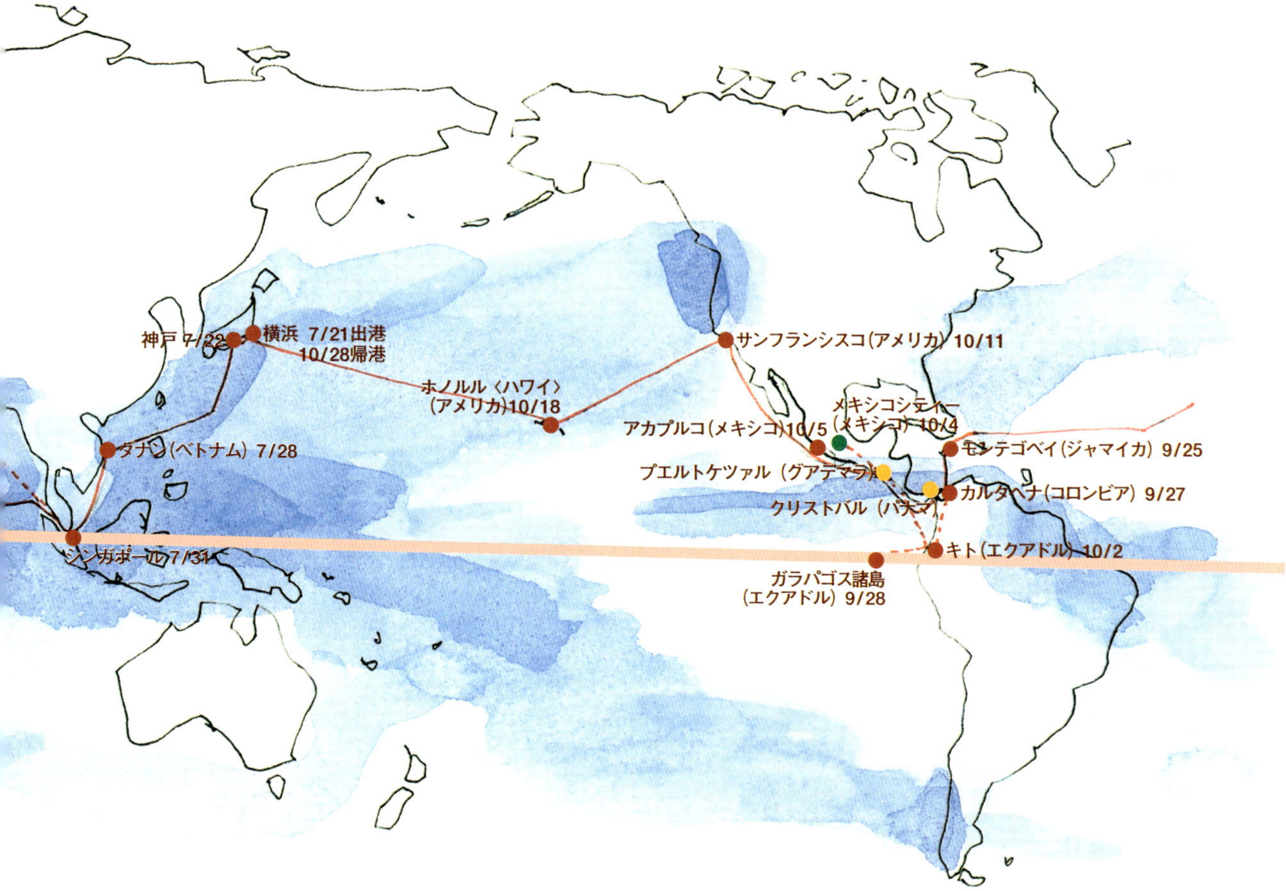

イルカの群れを見つけたときの感激、毎日違う表情を見せてくれた大海原。地球はまさに水の惑星なのだと実感した旅でした。

時間と空間を飛び越えたような風景や異文化との、たくさんの出会い。そして別れも。

それだけでなく、寄港地によっては猛烈な暑さ（エジプトのルクソールでは48度というような）も体験しましたし、赤道直下のガラパゴスがあんなにも寒く海の水が冷たいということも、初めて知りました。

とにかく慌しい日常から離れて、のんびりしたい、リセットできればと思い立っての旅でした。出発前の自分と比べてみて、何が変わって何が変わっていないのかなんて正直わかりません。

でも、確実に何かは残っているはずです。

時間の経過とともに次第に薄れていくたくさんの記憶を再確認してみたくなりました。やはり、見てきた世界を自分の言葉で伝えたいし、私なりの記録に残しておきたくて、描きかけのスケッチに筆を入れたり日記を整理したりしながら101日を振り返ってみました。整理し編集することで旅は２回楽しめるということも、新たな発見でした。

この本は、そんな地球一周の旅をスケッチと文章で綴った記録です。スケッチが目的の旅ではなかったので、寄港地によって絵が多かったり少なかったりとバラつきもありますが、あらためて見返すと、その土地の空気、風の匂い、異国の風景や人々との出会いなど、さまざまな記憶がよみがえってきます。

本を読んで下さったあなたに、旅で感じたワクワク、ドキドキを、少しでもお伝えすることができたら、うれしいのですが…。

2009年２月　久山一枝

水彩スケッチ
ピースボート101日の絵日記
地球一周の旅

Contents 目次

出航

横浜（7月21日）

埼玉在住の私は、まず横浜港で101日の旅をともにする「トパーズ号」に乗り込みました。小雨の中の出港、ランドマークタワーに低い雲がかかって霞んでいたのが印象的でした。

神戸（7月22日）

午前中に緊急避難訓練がありました。新しい乗客を迎えた時には必ず実施しなければならないとのこと。その後、ウェルカムパーティーやウェルカムディナー。老いも若きもおしゃれをして会場に…といっても私はフォーマルウェア一等は持って乗らなかったので、アクセサリーとスカーフでごまかしました。それでも問題ないのがピースボートの気楽なところです。もちろん和服や民族衣装など思い思いに衣装に趣向を凝らしている方もあり、楽しい集いでした。

まずは船長からクルーの紹介。船長や機関スタッフ等はギリシャ人が多く、お医者さんやコック長は日本人、給仕等々のスタッフは、実に様々な多国混成チーム。国際色豊かな構成です。

神戸港
薄雪の神戸を出航。いよいよ旅の始まりです。

ピースボートとは

ピースボートは、1983年に設立されたNGO（非政府組織）で、非営利の民間国際交流団体です。直訳すれば平和の船。国境を越えること自体たやすくはなかった頃、世界の人と交流するための船旅を出港させ、2003年までに延べ25,000人の参加者とともに150を越える港を訪れました。

このクルーズが生まれるきっかけとなったのは、その当時国際問題化した「教科書問題」です。教科書検定で、日本のアジアへの侵略が「進出」と書かれたことに対してアジアの人々が激しく抗議したというものでした。この時、今まで自分たちが学んできた歴史は本当のことなのだろうかという疑問と、実際はどうだったのかという興味をもった若者たちが、「じゃあ、現地に行って自分たちの目で確かめてみよう」と考えたのが出発点だったそうです。

それにしても発起人達の発想力と行動力は、たいしたもの。若者の好奇心とエネルギーを原動力とした、その情熱と行動力には脱帽です。また、運営する人達が入れ替わりながら、ここまで続いているという事実にも驚かされます。現在では、「地球で遊ぶ　地球に学ぶ」というキャッチフレーズのもとに、大きな旅行会社や船会社でもなかなか大変な地球一周の旅までナビゲートするようになったのですから。

今も「みんなが主役で船を出す」を合い言葉に集まった行動力いっぱいの若者達が運営しています。スタッフの若さにはびっくりです。頼もしいけれど、危なっかしいところもある団体です。前回は乗客として船に乗ったという若く経験もないスタッフもいると聞きました。まあ、若いからこそできる冒険なのかもしれません。「もし…」というようなリスクを考えていたら怖くて、きっと実行できないでしょう。

そんな若者がピースボートの運営を経験することによって育っていくのは、とても素敵なことのように思えました。ピースボートを卒業した彼らは、どこに行っても自分で状況を切り開くことができる能力を身につけたに違いないと思います。

ピースボートが目指すものは、世界中のNGOや市民グループ、学生達、子供達と交流しながら、国家間の利害関係とは違ったつながりを創っていくことなのだそうです。

ですから、普通の旅行では聞いたことのないような現地の方達との交流ツアーが、たくさん組み込まれていました。ことに、立ち寄る土地ごとに試合をする「サッカー交流」は若者ならではの企画でしょう。また、サッカーボールを買えない子供達にボールを届け、ボールを「架け橋」に世界をつなぐ活動も行っているとのこと。素敵な企画だと思いました。

また船内でも、ピースボートならではの「船」がつくりだす「自由な時間と空間」を生かしたさまざまなプロジェクトチームが活動していました。

そのほかにも、映画会、運動会、ファッションショー、文化祭、ダンスパーティー等々盛りだくさん。それに自主企画という乗船者自らが主催する催しなど、実にたくさんのイベントがありました。それらは、毎日発行される新聞（新聞製作スタッフも乗客）で案内、紹介されます。その数があまりに多く、取捨選択に困るくらいでした。

トパーズ号。こうして見ると、なかなかの雄姿。

ベトナム *Vietnam*

遺跡近くの粗末な小屋で
民族舞踊団の踊りと演奏
が行われていました。

ダナン（7月28日）

神戸港からほぼ１週間で最初の寄港地、ベトナムのダナンに到着。日本によく似た緑豊かな水田風景が広がっており、ブーゲンビリアや、夾竹桃に似た花が目につきました。

ミーソン遺跡（7月28日）

ヒンドゥー教や仏教が土着の宗教と融け合って独自の文化を花開かせたチャンパ王国（４～13世紀）のレンガ造りの遺跡で、世界遺産にも登録されています。草木に埋もれて、ひっそりと佇んでいました。ベトナムのアンコールワットといわれるほど歴史的価値が高いらしいのですが、ベトナム戦争時に多大な被害を受け、朽ちかけている様子。しかし保護再建の余裕はまだないのでしょうか、調査段階とのことでした。

ミーソン遺跡

遺跡のレンガは朽ちかけたままでした。

女神像でしょうか？

夕暮れとともに出航。ダナンの港を後にしました。

シンガポール *Singapore*

マーライオン

シンガポール（7月31日）

シンガポールが近づくにつれ、タンカーや貨物船など多くの船が行き交うようになりました。東南アジアのハブ港（海上輸送の中継点となる港）であるシンガポール港に入る船が多いのはもちろん、海賊で悪名高い要路、マラッカ海峡の入り口に近づいてきたからでしょう。

港に入り、デッキに立つと高層ビルが見えてきます。船の真上近くをセントーサ島へのケーブルカーが行き来しており、アミューズメントパークのようでした。私はオーバーランド（寄港地の間を陸路または空路で移動するオプショナルツアー）でインドツアーを選択していたので、市内は車窓観光のみ。唯一マーライオンだけはバスを降りてのぞいてきました。

車窓から見えたのは、計画的に整備されゴミひとつない清潔な街というイメージ通りの景色。でも、自然に近い形の街路樹が道路に日陰を作り、そこここでブーゲンビリアが咲き乱れ、街路樹に寄生した蘭が大輪の色とりどりの花をつけている、庭園のような街並みでした。

シンガポール港のまわりには高層ビルがいっぱい。

シンガポールは、かつて東洋の真珠と呼ばれ、今以上に美しい街だったとか。イギリス領だったため、西洋人が住みやすいように計画的に作り上げられ、情緒あふれる景観だったということです。小さな国で、総面積は日本の淡路島ぐらい。今は高層ビルの街ですが、往年のシンガポールも見てみたかったものです。

ところで、重要に思えたのは、多民族国家のシンガポールで、宗教や人種的対立の話が、あまり耳に入ってこないということです。もちろん、まったくないはずはないでしょうが、シルクロード上のオアシス都市同様、資源を持たずに交易で生きていくには、多民族が仲良くすることが必要だったからかもしれません。とにかく宗教・民族間の紛争が多い世界、これからも人々が共存していくためのいいモデル、指針を作り上げてくれればいいなと思いました。

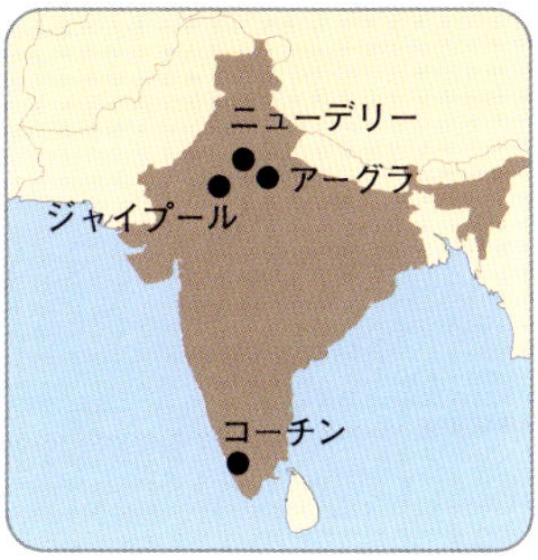

インド *India*

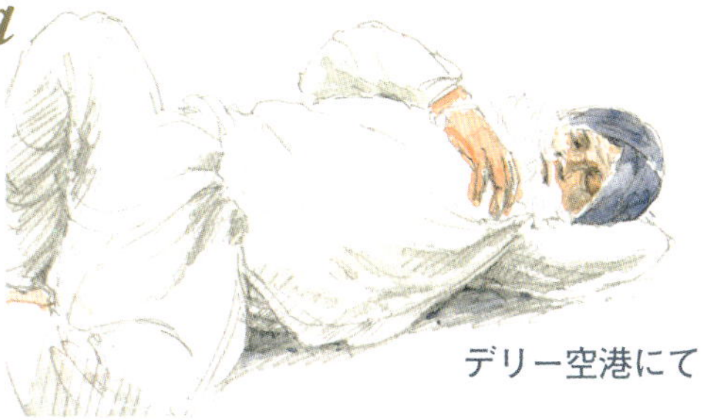

デリー空港にて

デリー（7月31〜8月1日）

シンガポールから空路移動して、デリーに着いたのが夜中の10時。ホテルに着いたのは、日付が変わる頃でした。

私は横浜から引きずっていた風邪で熱っぽかったので翌日のデリー市内観光はキャンセル、ホテルのベッドの上でゴロゴロしていました。スケッチをする気分にもなれずボーッと窓の外を見ていて、驚いたことがあります。

ニューデリーに位置するホテルだったのですがオールドデリーも見渡せる部屋で、大きな空と豊かな森が見えました。薄い雲はあるもののよく晴れている空のあちこちに大きな鳥が群れています。一目何百羽…、はじめはデリーもカラスが多いんだなあと思っていたのですが、よく見るとそれが皆猛禽類だとわかり、びっくり。東京の空に、鳶や鷲が群れをなして飛んでいる景色を想像してみて下さい。驚きでしょう？

食物連鎖の頂点にいる猛禽類が1,400万人の大都市にいるなんて…、餌はネズミ等の小動物だけでなく牛の死骸とか？　何でもあり、包容力の大きな混沌としたインドならではの景観なのでしょう。外に出るとピーヒョロロが聞こえました。

翌日からは、南に約180キロのアーグラ、そこから西に約230キロのジャイプールを回り、また約260キロでデリーに戻るという、長いバス移動。デリーからの高速道路はなく、一般道を行くかなりきついツアーでした。車窓から見えたものは、人と自転車とバイクと車と牛が入り乱れ動きが取れないような雑踏。天井の上まで荷物や人を乗せている満員のバス。サリーを着て畑を耕している女性、スラム街、クジャク、水牛、ヤギ、ラクダとゾウ、それに埃とでこぼこ道…。

ホテルの窓から、猛禽類が空を群れ飛ぶ光景を見て、びっくり！

アーグラ（8月2日）

　一度は行ってみたいと思っていたタージ・マハルがある街です。タージ・マハルはムガール帝国の皇帝が愛妃を悼んで建てた白亜の廟。想像していたよりもはるかに壮大、荘厳で、素晴らしいものでした。

アーグラ城内部

タージ・マハルで出会った女性達。カラフルなサリーが美しい。

アーグラ城からタージ・マハルを望んで。

アーグラ城のジャハーンギール殿

城門から内部をのぞいて。

インドでは、どこに行ってもたくさんの鳥達に出迎えられました。

ファテーブルシークリー

アーグラから遷都したものの水不足で15年しか使用できず、すぐに廃墟になってしまった街の遺跡で、ここも世界遺産に登録されています。

ジャイプール（8月3～4日）

260年前にアンベールから都を移したという、歴史の浅いラージャスターン州の州都です。

赤砂岩の城壁に囲まれた旧市街は、城壁の色に合わせて建物の壁がすべて淡紅色に塗られているため、「ピンク・シティー」とも呼ばれています。

アンベール城

ジャイプール郊外の丘の上にある城砦遺跡で、ムガール帝国の司令官が築城したそうです。観光客はゾウに乗って丘に登ります。

ピンク・シティーと呼ばれる旧市街。

コーチン（8月6日）

　インド南部のケーララ州にある港町です。古くから香辛料貿易で栄え、ヨーロッパ人の行き来も多かったためか、西洋風な要素を融合させた独特の文化を持っているとのことでした。

トパーズ号の隣に停泊していた船。

パパイヤの木があちこちにありました。

今も使われている漁船です。

ナイトツアーで見た舞踊。

トパーズ号

トパーズというのは宝石の名前です。黄水晶のことをトパーズと呼ぶことが多いようですが、本当は硬度8の淡褐色の石。派手ではありませんが、透明度の高いシックで希少な宝石です。トパーズ号はそんな船かもしれません。

トパーズ号は1955年に進水した歴史豊かな船です。テープカッターはエリザベス女王で、大西洋にデビューした当初は、「エンプレス・オブ・ブリテン」と呼ばれた花形客船だったそうです。

船籍はパナマ、総トン数31,500トン、全長195メートル、全巾27メートル、喫水9メートル、デッキ数9階、定員1,487人、公開速度最高21ノット。1ノットは時速1,852メートルですから、トパーズ号は時速39キロメートルということになります。当時現役で働いていた蒸気客船は世界中でこの船だけでした。ちなみに蒸気船は、ディーゼル船より静かなのだそうです。まあ、骨董品のような船ということのようです。

改造を重ねているとはいえ、昔の面影でしょうか、アールデコ風な装飾を施された箇所も残っています。ブロードウェイショウラウンジ、ヘミングウェイバー等、船内施設の名前も昔のままと聞きました。

エレベーターも相当古く、最初は乗るのをとまどってしまうような、ちょっと怖い代物。少しでも海が荒れると使用禁止で、階段を登ったり降りたりです。もっとも、船内生活ではどうしても運動不足になるので、ちょうどいいのかもしれません。「エレベーターは使いません」という方が何人もいらっしゃいました。でも、高齢の方や杖を使っておられる方にはきつかったことでしょう。

トパーズ号はピースボート運行のために改造したせいか、とにかく客室をたくさんに分割、継ぎ足し（？）がされていました。そのため、船内は迷路状態です。狭い路地を通って船室にたどり着くという部屋もあり、旅半ばになっても自分の部屋がわからず迷子になってしまう人もいたほど。廊下をうろうろしている人を、よく見かけたものです。

ピースボートの目的は、若者が自分の目で世界を見て、世界の人達と語り合う交流を目指したものだったわけですから、一人でも多く低価格で参加できるよう、部屋数を増やしたというなりゆきだったのでしょう。まあ、迷路はその副産物ということでしょうか。

老朽船とはいえ、3ヶ月も住んでみると愛着もわき、これからも安全航行、長生きしてもらいたいところでしたが、残念ながら2008年4月に引退したということです。

トパーズ号

船内の施設

乗務員まで入れると、人口1,400人もの一つの村が移動しているようなもので、船にはいろいろな施設がありました。

すべての船内業務の窓口になるフロント、ピースボート事務局、旅行代理店、レストラン、バー、居酒屋、売店、美容院、マッサージ室、診療室、コインランドリー、スポーツジム、プール、ジャグジー、ゲームエリア、図書コーナー等々。さらに、大きさの違うイベントスペースもいくつかありました。

今、船は変わっても、多分同じような施設を備えているのではないかと思います。

船内レストランのトパーズダイニング。

8階のヨットクラブで。

8階デッキにて。

ケニア *Kenya*

モンバサ（8月15日）

港の前には土産物屋が地べたに何十人も店を広げています。並んでいるのは、ほとんどがアフリカ彫刻の品々。一つずつ眺めていると造形的にとても素敵ではあるのですが…、家に持ち帰っても邪魔になるだけ。記念とお土産は、かさばらず、あまりじゃまにならないであろうアクセサリーということに落ち着きました。

ここでも乗船者の皆さんが、値切り交渉に花を咲かせていました。それが私はどうも苦手で、他の方達よりも高く買ったものが多かったようです。ですから、どれだけ安く買えたかという自慢話の輪の中には入りたくありませんでした。

私はここでもオーバーランドツアー。タンザニアを経て、エジプトのポートサイドで合流というコースです。

モンバサ港の土産物屋。お土産用のアフリカ彫刻がたくさん並んでいました。

バスから見た家々

モンバサ空港へ向かうバスから、密集した住宅が見えました。ガイドをしてくれた人の話では貧しい層の住宅密集地とのこと。崩れそうな土壁とトタン屋根の家が、山の斜面にへばりつくようにして建っていました。

タンザニア *Tanzania*

キリマンジャロ空港～ンゴロンゴロ周辺（8月15～16日）

キリマンジャロ山を見る

座席指定のない小さなプロペラ機に乗り込み、眼下に広がる景色を見ながらタンザニアのキリマンジャロ空港に向かうと、機窓には赤茶けた大地が広がりはじめました。地味豊かには見えない赤土の大地が延々と続いています。乾季だったのでしょう。干上がった川がうねり、草か潅木かが地衣類のような模様を大地につけていました。

１時間ほど飛んだでしょうか、キリマンジャロ山が進行方向右手に見えてきました。写真で見たことのあるキリマンジャロはアフリカ最高峰、標高5,895メートルの、中腹まで雪に覆われた山でした。ところが想像していた雄姿とは全く違い、雪は山頂にちょっとだけ。肩すかしをくったような気分でした。季節によるものかと尋ねてみたら、近年めっきり少なくなってしまったとか。やはり温暖化の影響なのでしょうか。

昼食後、ンゴロンゴロ近くのロッジへ

空港を降りると、赤い大地に見えていたものが一面の枯野だとわかりました。乾季のサバンナの色です。でも、なんといっても赤道直下、水場さえあれば鬱蒼としたジャングルになります。昼食はそんな緑濃い樹木に囲まれたロッジでした。オープン・エアのテーブルクロスの上には、木の実や虫がいっぱい。食べている最中もはらはらと降ってきます。よけていられないので、もういいやという状況でした。

そこからは日本の援助で作られたという快適な舗装路で、ンゴロンゴロ自然保護区近くのロッジに移動。小さなコテージが点在するスタイルのものです。いつの間にか標高1,500メートルにまで登っていたようで、夜は寒いほどでした。シャワーが出ないという部屋もあったようですが、私達のコテージはなんとか使え、ラッキーでした。電気はロウソクなみの明るさで何も読めないくらいだったので、食事の後は早々と就寝。

翌日はマサイの村を抜けて、ンゴロンゴロへ。

オープン・エアの昼食
テーブルの側の木にからんでいるのは、観葉植物としてポピュラーなモンステラという蔓草。こんなにも巨大になるとは驚きでした。

バオバブの木

よく見るマダガスカルの並木とは違う種類なのでしょうが、見ごたえのある巨木でした。

マサイ族

精悍な誇り高き戦士達というイメージを持っていたのですが…。女性達は土産物屋に並んでいるビーズを編んだり、子供を背負いながら土産物を売ったりと忙しそうな様子ですが、男達は出迎えのダンスを踊った後、小屋の前に座りこんでしまいました。狩りに出かけるでもなく、そんな毎日に苛立ちと怒りがたまっているような顔つきの人が多いのが印象的でした。観光資源として旧来の生活を強いられているように思える彼等が、実に気の毒に思えました。

カンガ

カンガとは、タンザニア、ケニアなど主に東アフリカの国々で用いられるカラフルな布で、カンガ、キユイ、マサイシュカなど、地域によっていろいろな呼び方があります。少し厚手の綿布（110×160センチ）で、女性も男性もいろいろな巻き方、羽織り方をしていました。温度差の大きい地域で住む人たちの知恵なのでしょう。ちなみに私はンゴロンゴロ外輪山入り口の店で『カンガ　100通りの使い方』という小冊子を買いました。柄も色もとても鮮やかなプリント地で、スカートやマント、日よけ、おんぶ布と使い方はいろいろです。

店で売っているものはちょっとゴワゴワしていて、欲しくなるようなものではありませんでした。でも、ロッジで休憩していた時、寒いと騒いでいたら、ホテルの従業員さんが自分で羽織っていたカンガを貸して下さったのです。それはもう着慣らしたもので、柔らかく手触りのいい布でした。その暖かく気持ちのいいカンガを売ってもらいたいなと思ったくらいでした。

キリンの木

トイレ休憩を兼ねて立ち寄ったお土産物屋さんの前にあった木。キリン柄に色が塗られていました。木にとっては迷惑なんだろうなあ。

ンゴロンゴロ（8月16〜20日）

ンゴロンゴロは世界第2位の大きさのカルデラの中にある自然保護区です。周囲を外輪山に囲まれており、動物達の出入りがないので、いろいろな観察ができると説明がありました。

サファリカーが走ると、とにかくひどい埃が立ちます。一応規定や台数制限はあるとのことでしたが、どう見ても明らかにそれ以上のサファリカーが傍若無人に走り回っているようでした。とにかく埃との戦いが大変でマスクは必需品、ゴーグルも持ってくればよかったと思いました。カメラも注意しないと細かい砂埃で動かなくなると注意されたため、写り具合は犠牲にしてファスナー付きのポリ袋に入れたままシャッターを押しました。

木も草も緑は全く見えません。これで呼吸できるのでしょうか。これもサファリカーが巻き上げる埃のせい。動物達にとっても、よいはずはありません。恐いシーンを目のあたりにして、自分も加害者の一人なのだと思い、悲しく恐ろくなりました。早く何らかの手を打たないと、生態系のどこかからほつれが出て、連鎖的に動物達が住めなくなってしまうのではないかという危機感を覚えます。

それにしても、シマウマ、ヌー、ゾウ、カバ、サイ、ハイエナ、ライオン、イノシシ、バイソン、ガゼル、ハゲワシ、カンムリヅル、チータ、ペリカン、フラミンゴ等々、見飽きるぐらい群れており、見事な景観でした。

ヌーの群れ
砂埃が立ち上がるンゴロンゴロ自然保護区で。

乾燥に強いアカシアが、ところどころに生えていました。

埃の木

ンゴロンゴロの外輪山の峠近くには埃だらけながらも樹木が茂っており、毎朝靄が出ます。そのせいかサルオゴセという苔の一種が付いているのが不思議な景観でした。

バイソン達

セレンゲティー国立公園
（8月18〜19日）

ンゴロンゴロの北に広がるサバンナ地帯で、ゲームサファリ（公園や保護区などを車でゆっくり走り、野生動物を探して観察すること）を楽しみました。一面の枯れ草、サバンナの中にぽつんぽつんと生えているのはアカシア系の木です。ここでも埃のガタガタ道を終日サファリカーに乗り、セレンゲティーの北の端、ケニア近くまで行きました。

セレンゲティーではゾウ、キリンなどの他にマントヒヒ、ホロホロ鳥、カバ、ワニと、動物の種類はさらに多くなります。車や人を恐れない動物達を間近に見ることができ、感激。草原は決して土ばかりではなく、ところどころに大きな岩盤が露出していました、ロッジは、そんな岩山を利用して作られています。私達の宿は、その一つを利用して建てられたロボ・ロッジというところでした。標高1,800メートル。赤道直下なのに夜は肌寒くなります。

夕方、太陽が大きく西に傾く頃、岩盤の上に登り、素敵な夕焼けショーを待ちました。空気が澄んで乾燥しているので、太陽は地平線に沈む寸前までくっきり鮮やかです。サバンナの夕暮れは急に気温が下がり、爽やかな風が吹き抜けていきました。

大きなネズミに似たハイラックスが足もとを走り回ります。そのまま夜のサバンナを楽しみたかったのですが、暗くなると猛獣が徘徊しはじめるし、足元が危なくなるとのこと。ロッジに入るよう注意を受けていたので引き返したのですが、とても残念でした。動物や鳥達にもたくさん出会い、興奮し続けたゲームサファリ体験でした。

翌日もゲームサファリは続いたのですが、私は風邪がいっこうによくならず、またまた１日ベッドに沈み込んでしまいました。この日は結局半数ぐらいの人がキャンセルしたようです。ガタガタの埃道を１日中揺られ続けるのは、かなり体力を消耗します。元気な人でもこたえるハードスケジュールで、皆さんくたびれたのでしょう。それに、翌日はまたセレンゲティーの端からンゴロンゴロを横切ってマニヤラ湖近くまで、ガタガタの道を360キロのロングランになるのですから。サファリカーのドライバーさんは、なおさらに大変だったと思います。

シマウマ
こんな体つきでよく走れるものと思えるくらい太っています。枯れ草しかないのに？
縞模様を描いていたら目がおかしくなり、途中でやめたくなってしまいました。

ハゲワシ舞う空

キリン

長いまつ毛が印象的、それにしても、シマウマもキリンも保護色とは思えません。なぜこんなに派手な衣装を着込んでいるのでしょう？　健康な大人の固体は、猛獣の捕食の対象にはならないからなのでしょうか。

トムソンガゼル

草の色と同化しているのは、弱い動物だからでしょうか。水牛達は観光客が通ってもひたすら草を食べ続けていますが、彼らは警戒心を全身に現してじっと私達を見つめていました。

地球一周は夢のまた夢？

友人に誘われて説明会を聞きに行ったのが、ピースボートへの興味のはじまり。もっとも、その時はとても旅に出られる状況ではなく、夢のまた夢という感じだったのですが、いつかは参加してみたいなあと漠然と思うようになりました。時々無性に旅に出たくなる感覚とも違い、毎日の慌しさから開放されたいという思いが、101日間の地球一周の船旅と重なったのです。

そして2005年の秋、早めに予約をすれば１割以上安くなるという「早割」につられ、後先考えずに、とにかく予約してしまいました。私の場合、用意周到に計画を立ててなどと言っていると、いつまでたっても実現しません。いつもの私の習性で、まあ何とかなるだろうと思い、まず行動ありきということになります。ですから、この時点でピースボートに関する知識はほとんどゼロ。家族にも、いろいろ迷惑をかけることになる方達にも、事後報告です。

旅は健康のバロメーター。足腰がしっかりしているうちにと思っていたのですが、船内ではかなり高齢の方や杖を突いている方も参加なさっていて、気持ちさえあれば大丈夫なのだと認識させられました。楽しみ方も、100人いれば100様なのでしょう。

お金の使い方は、その人の価値観しだい。少し余裕があり、何とか時間をひねり出せるのなら、あとは一歩踏み出すかどうかです。まあ、いろいろなリスクがないというわけにはいきませんが。

自分の目で見て発見するということは、とても素敵で貴重なことだと思います。そんな世界をのぞいてたいけれど勇気がなくて…という方がいらしたら、思い切って足を踏み出してみてはいかがでしょうか。

地球を一周した人数

航海中に聞いた話では（現時点ではもっと増えていることでしょうが）、これまでに地球一周をした人数を概算すると、日本人が約35,000人、それ以外が約15,000人、計50,000人ほどになるそうです。そのうちピースボートの企画で地球を回った人数は、何と25,000人以上。ことに、若者達がこんなにたくさん地球一周しているという国は、日本だけではないでしょうか。

船旅といえば、カリブ海とかエーゲ海クルーズのように地域限定が多いのですが、この頃増えている10万トンクラスの大型客船では、パナマ運河を航行できないという原因もあるようです。

ピースボートの活動は、ホントにすごいものなのですね。びっくりです！

カナリア諸島のラスパルマスでトレッキング。前にいるのが私です。

船上のデッキで夕日を眺める。素敵にロマンティックな時間。

地球は大きい？

今回一周した航路は北緯40度から0度の間で、地球を西回りに回るものでした。

私達が乗ったトパーズ号は由緒ある老朽船で、時速16ノット（時速30キロ）ぐらい、ということは自転車よりちょっと速い程度の速度です。それでもだいたい100日あれば、地球が一周できるということは、地球は大きかったような、そうでもなかったような…。

まあ、時速30キロでも24時間航海すれば720キロ。１日で東京から岡山近くまで移動できるわけだからこんなものかと、わかったようなわからないようなことを考えてしまいました。

飛行機で日本海の上にいる時、富士山の頭を見つけ、あの麓は太平洋、日本って狭いんだなあ…と感じる感覚にも似ています。

見方によっては、地球って本当に小さく感じます。海は一つにつながっているし、隣の国の風が流れてきます。それを実感できる旅でした。やはり、地球は小さな水の惑星なのかもしれません。

クロアチアにて。山の上までブドウの段々畑が続いています。

ガラパゴスの船着き場では、アシカ達がベンチを占領していました。

世界地図

旅行に先立って買ったものの一つに世界地図があります。

少々年代物になり、最近独立した国々は載っていないような地図なら手元にあったのですが、この際最新のものをと思い、本屋さんに寄りました。

探してみると、世界地図の種類は案外少なく、大判でけっこう分厚いものばかりです。そしてページを開くと、地図というより現在の世界情勢を映し出すデータブックと呼ぶ方がふさわしいように思われる内容のものが目立ちました。

いわゆる「地図」が載っているページは、多いもので４分の１程度。データの種類も、地理、気象よりもむしろ、核兵器保有の有無、軍事費、原油依存度、年金、感染症、新聞の発行部数等々、政治・経済に関するものの方が多いようでした。じっくり眺めていると、いろいろなことが読めてくるような情報が満載です。地図ってずいぶん変わったなあという印象でした。

とにかく、その中の一冊を買い求めました。船に乗ってから、時折開いていたのですが、世界の紛争地点というページは衝撃的でした。世界中火の手が上がっており、真っ赤です。紛争がない地域を探すのが難しいくらいです。人間という生き物にはなぜ、こうも争いが絶えないことか…。

意見や習慣の違う国や民族が理解し合うことって、本当に難しいことなのでしょうね。紛争に使われる莫大な費用を違うことに使えたら…と思わずにいられない統計です。

カイロでは、私達のバスの前後に銃を持った兵士がついていました。日本では見ることのない光景です。

エジプト *Egypt*

カイロ市街（8月23日）

エジプトで、まず訪れたのは考古学博物館です。東京でもエジプト展の折見た記憶はあるのですが、紀元前に作られたとは思えないような装飾品、彫り物や布等々、エジプト文明の膨大な量の記憶が詰まっていました。展示というより、倉庫に入った様な状態です。通路が狭いせいもあって館内は観光客でごったがえし、なかなか前に進めないほどでした。観光時間は１時間程しかなく、迷子にならないよう通り抜けたというところでしょうか。

昼食を取ったレストランで、楽師さんが胡弓のような民俗楽器を弾いていました。

モスクの威容にふれ、イスラムの国に来たことを実感。

カイロ市街からナイル川を望んで。

カイロでは、こんな建てかけのままの建物を多く見ました。
「建築中」の方が税金が安いからとか。お金ができたり家族が
増えたりすると建て増しして、上に延びていくそうです。

ギザ（8月23日）

　街はずれに突然ピラミッドが現れるということは知っていたものの、昼食のレストランの窓から見えたときは、ちょっと驚かされました。想像を絶する大きさで古代の人達のエネルギーのすごさ、それに石組みの見事さに全く脱帽でした。

ラクダ

奥に見えるのが、クフ王のピラミッドです。

リズミカルに続く石段が、とても彫刻的でした。

誰が設計したのでしょう？

とにかく大きい！

見事な石組み。

ルクソール（8月24日）

神殿のオベリスク

まだ風邪が治らず、ルクソールもキャンセルして、カイロのホテルで寝ていようかと思ったのですが、あまりにもったいないので、がんばることにしました。とはいえ、朝涼しいうちにカルナック神殿を訪れたいということで、3時45分にモーニングコール、朝食の「モーニングボックス」を持ち、眠い目をこすりながらの出発は、かなり辛くもあったのですが…。

ルクソールは、かつてテーベと呼ばれており、ファラオが支配していた中王朝と新王朝の頃、首都として栄えたところです。とにかく巨大な建築群が残っていました。

それにしても、遺跡見学というより暑さ体験のツアーでした。日陰はともかく、日向では50度にもなってしまいます。卵焼きができそうな気温でした。そんな体験をしたのは、もちろん初めてです。ナイル川畔の肥沃な大地であったとはいえ、こんな気候のところに大文明が存在していたのが不思議なくらいです。まあ、内陸の砂漠気候で夜はグーンと気温が下がるのですから、暑い時間帯は動かなければいいのでしょうが。

ハトシェプスト女王葬祭殿

スフィンクスが並ぶカルナック神殿入り口。

ラムセス３世神殿入り口で。

見事な柱列！

ツアープログラム

それぞれの寄港地では、株式会社ジャパングレイスという旅行代理店が企画実施する選択式小旅行があります。これは料金には入っておらず、すべてオプションです。なかなかバラエティー豊かなツアーがそろっていました。

大きく分けると、交流プログラムと観光プログラムがあります。

交流プログラムは、ピースボートのスタッフや現地受け入れグループの人達と一緒に企画するプログラムです。学校や普通の家庭を訪ねたり、現地NGOの人達の活動を学んだりといった、現地の人たちの素顔が見えるツアーです。たとえばベトナムでは、〈ダナンの若者と大交流〉〈ストリートチルドレン訪問〉〈ベトナム料理体験〉〈キラ村でホームステイ〉〈フエ「子供の家」訪問〉〈カンボジア地雷問題検証ツアー〉等がありました。

一方観光プログラムとしては、古都や遺跡を巡る観光ツアーもたくさん用意されていました。ツアー料金はちょっと高めだったような…NGO活動の財源になっているのかもしれません。

ピースボート参加代金をやっとひねり出したとか、借金をして船に乗ったというような若者は、高めのツアーには参加せず、自分で寄港地を歩いたりしたとのこと。そのためには事前に調べておいたり、現地の言葉を勉強するという準備等も必要で、それも得がたい経験になったことでしょう。私はもっぱら何の準備もいらない観光ツアーに参加していました。

マラケシュにて。ツアーリーダーが、旗ならぬ鯉のぼりを持って参加者を先導していました。

講座や企画

ピースボートでは、若い事務局スタッフが中核になって、各種講座、討論会、イベント等で船旅を盛り上げていました。毎日さまざまな企画が催され、退屈するのは困難なほど、まさに毎日が学園祭のようでした。

講座以外にも、星空ライブ、洋上運動会、のど自慢大会、洋上夏祭り、スピーチコンテスト、ファッションショー、展覧会等々。それに「しゃべり場」という討論会もあり、若者の仕事についてというようなテーマが取り上げられていました。

●国際交流プログラム

この船はNGOであるピースボートが企画運営をしています。世界を回りながら各国のNGOと交流をしたり、船内では今の世界を考えるというような企画がたくさんありました。

たとえば、自分達で集めた物資（文具、足踏みミシン、コンピューター、楽器、サッカーボール等）を自分達の手で届ける交流。世界各地から専門家を招いて開催するシンポジウムやワークショップ。訪れる寄港地の文化や歴史、今抱える問題などについて幅広いテーマで行われる船内講座。また、IS（国際学生）プログラムとして、紛争地出身（イスラエルとパレスチナ）の若者達が乗船会議を開く国際平和会議など、いろいろです。

●有料講座

GETというプログラムでは英語とスペイン語の有料講座が開催されており、無料コースも用意されていました。

●自主企画

趣味の仲間を募るというような企画が多いのですが、出身地や同じ年齢同士が集まったりと、多彩な企画がありました。

朝の8階デッキだけ見ても、ヨガ、太極拳、空手、ラジオ体操、ストレッチ等々。囲碁、将棋、

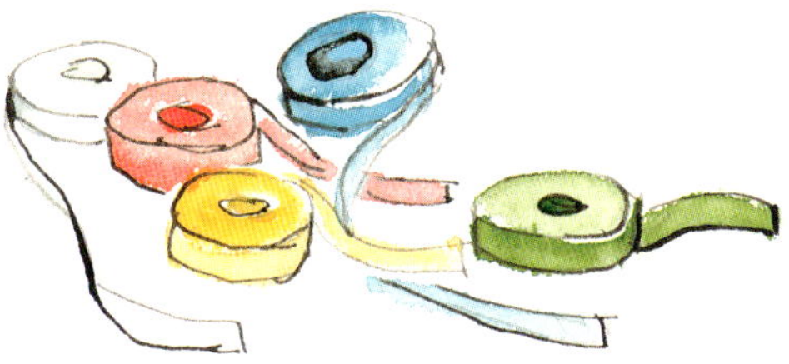

テープを巻き直してリサイクルする自主企画グループもありました。

ダンス、それにウクレレや絵手紙、出港時のテープを巻き直して再生するグループというようなものまで、たくさんの人達が名乗りを上げ、参加していました。

●水先案内人の講座

船内での目玉企画は、「水先案内人」と呼ばれる講師達がいろいろな区間で乗船してきて、レクチャーやワークショップ、ライブ公演などを行うものです。各分野の専門家である国内外の「水先案内人」達の講座が毎日目白押し。ことに「世界で今、何が起こっているのか」を自分の目で、耳で知ることのできる講座がたくさんありました。これまでに作家の灰谷健次郎さん、ジャーナリストの筑紫哲也さん等々、多くの著名人が水先案内人として乗られたとか。

今回もジャーナリスト、フリーライター、ルポライター、学者、平和運動家、環境運動家、ミュージシャン、エンターテイナー、大道芸人、マジシャン、それにスポーツ関係者等、国籍も様々な40名近くの講師が短期間ながら次々に乗船され、バラエティーに富んだ講座が開催されました。

また、現地で活躍するＮＧＯとのパートナーシップを築くため、行く先々の寄港地からも「水先案内人」が乗り込んできて、訪れる国の実情や歴史等、いろいろな話を聞かせてくれました。

「水先案内人」の方々は、ノーギャラで交通費は自己負担、船での生活と発表の場を提供されてボランティアで講座を開いて下さるとのこと、感謝感謝です。

興味深く思った方はたくさんいらっしゃいますが、最初に横浜から乗船されてお話を伺ったということもあり、桃井和馬さんというフォトジャーナリストの方が特に印象に残っています。彼の話を聞いて水先案内人の講座の面白さに目覚め、この機会を逃すのはもったいないと思ったことが、船内生活を忙しいものにしてしまった元凶です。

桃井さんの切実な話題を取り上げながらも淡々とした語り口が印象的でした。民族や地球規模で進行する様々な問題を取り上げ、紛争・環境などを主軸に現場で定点取材されているとのこと。独自の切り口で現代文明のありようと人類の可能性を探っておられる方でした。やはり、現場で自分の目で見て感じた話には、ガツンと響くものがあります。また、吉岡淳さんのように、理論だけでなく地元で地に足のついた活動をされている方の話にも、共感も覚えました。

次々に乗船する水先案内人のお世話係は、毎回船内で募集します。講座のチラシを作ったり、会場の準備をするといった仕事です。係になれば水先案内人と話をする機会も増えるので、興味を持っている人達にとってはかけがえのない時間になったことでしょう。

どういう方に講座を依頼するのかというのが、ピースボートのスタッフ、今回はコーディネーターである中原大弐くんの腕にかかっていたわけです。毎回アンテナを張り、準備し、依頼するまでの苦労は大変であろうと想像できます。本当にご苦労様です。

ラウンジにて。水先案内人の講座。

トルコ *Turkey*

朝焼けのボスポラス海峡

イスタンブール（8月29日）

いつの時代も文明の交差点であった魅惑のイスタンブールに寄港。ボスポラス海峡を行き来する船の往来が多く、活気に満ちている雰囲気でした。港の両側が丘になっており、その斜面には階段状にモスクや住宅が並んでいます。色も形も統一感があり、とても美しい街でした。

イスタンブールは素敵に魅力的で、見てみたいところは山のようにあったのですが、トプカプ宮殿の長い石積みの城壁を右手に眺めながら、後ろ髪を引かれる思いで空港に移動。私はカッパドキアを訪ねるツアーを取ったからです。

早朝のイスタンブール
船上でスケッチしたものです。

カッパドキア (8月29日～30日)

夕暮れ間近のカッパドキアに到着。宿には直行せず、夕日でピンク色に染まる奇岩群が広がる景観を眺めました。

教会跡
迷路のように奥深く続いていました。

夕暮れのギョロナ遺跡

妖精の煙突

本当におとぎの国の入り口のような空間です。

切手にもなっているシンボリックな岩です。

初めてのバルーン体験

気球に乗って日の出を見るという企画に参加しました。

暗いうちにホテルを出発し、気球離陸場に移動。離陸場に着くと、予想していたよりはるかにたくさんの気球が何十基も横たわっており、暖かい空気を送るためガスが点火されはじめたところでした。カッパドキアの朝は想像していたより寒く、温かい飲み物が配られたのが、うれしく思われました。それを片手に気球がだんだん膨らみ立ち上がっていくのを、しばし見学。空がだんだん白み始める中、1基ずつ浮かんでいきます。1基に5人ずつ乗れる籠が4個ついており、20人も乗れるのです。

バルーンは思ったより早く上昇。眼下に広がる360度の大パノラマは実に見事でした。川に浸食された大地は、地学のジオラマを眺めているような感じです。生きている地球の営みを検証いるようで、素晴らしいものでした。

朝の低い太陽に照らされたピンクの岩肌と長い影のコントラストが縞模様を描いており、キノコのような岩の煙突群に手が届きそうなくらいに近づいたり、上空に登ったりと、ワクワクドキドキの1時間でした。

気球の篭が、まさに浮き上がる瞬間。

大パノラマを見下ろして。

スタッフ

大きく分けると３つの組織が存在します。

●船のクルー

船長以下、機関士、食堂の運営、船室管理、医療等々に従事しています。船内は小さな町のようなもの。機関室で働く人、船内各所の整備、部屋の掃除、食事の準備や給仕、洗濯をしてくれる人、専属バンドで演奏する人、その他にもお医者さん、写真屋さん、売店や美容院で働く人等々多くのクルーのお世話になりました。外国の方が多く、国籍は多様でフィリピン、インドネシア、インド、ブルガリア、ウクライナ等20カ国余りとか。ちなみに船長さんはギリシャの方でした。船医や和食担当のコックさんの中には日本人もいました。

●株式会社ジャパングレイス

旅行中、寄港地でのツアー関連の事務手続き等一切を仕切っています。東京に事務所を持つ比較的小さな旅行代理店で、ピースボートのツアーを主たる仕事としているとのこと。

東京事務所の方は分かりませんが、ここで働いている人はほとんどが20代で、元気がよく、気持ちのいい若者達でした。でも時折、添乗員としての勉強不足も見受けられ、レベルには少々問題ありという感じがしました。もちろん優秀な人もいましたけどね。熱意だけでは解決できないこともあるので、危機管理等の勉強をもう少しした方がいいのではと思えました。

また、人手が足りないのか、ピースボートスタッフとの役割がはっきり分かれていないように思われることもしばしばでした。もっとも、交流ツアー等はピースボートと共同作業になるわけですから当然かも知れませんが。

●ピースボート

この旅行の主催者であり、いろいろな企画、イベント、講座を担当しています。

陽気なCCのスタッフ達。

NGOであるピースボートは、設立から20数年という歴史を持つ団体です。私が参加した第54回クルーズにも、20名ぐらいのスタッフが乗船していたようです。

スタッフはどんどん入れ替わるようで（報酬がとても安いとか…）、元は乗客だったという、20代ぐらいの若者がほとんどでした。危なっかしいような頼もしいような…。経験豊かとはいえないものの、まじめで優秀、個性的で楽しい若者達でした。旅で多くの人に会い、たくさんの場所に行き、いろいろ発見し、意見を聞いたり、文句を言われたりしながら巣立っていくのは素敵なことに思えます。この他にも15名ほどのＣＣ（コミュニケーション・コーディネーター）と呼ばれる通訳の方達や、英語やスペイン語を勉強したい人のために20人ほどの外国人講師もいました。

若いジャパングレイスやピースボートのスタッフ、それにＣＣや語学講師達が見せてくれる底抜けに明るい表情やパフォーマンスが素敵で、若いっていいなーとしばしば思いました。それも収穫の一つだったと思います。

ところで、最近ピースボートの船が代替わりしたことにより、水漏れ等いろいろなトラブルが発生。その処理を巡り、スタッフと乗客との間の不協和音が大きくなったという話が聞こえてきました。本当はどうなのか、自分の目で見てみないと何ともいえないのですが、困ったことです。早く解決してほしいと願っています。

みんなが苦い思い出ではなく、素敵な思い出を持って船から降りられるように。

乗船者

最近、旅行パンフレットを見ていると、クルーズ船による旅行が目につきます。こういったツアーに参加するのは、時間にもお金にも余裕があるけれど体力はちょっと…というような年配の方がほとんど、若者はいないのが実情のようです。

しかし、私が今回参加したピースボートによる旅行では、年配者がちょうど半分、残り半分は若者達でした。3～4人が2段式ベッドのある部屋で共同生活するフレンドリータイプの部屋があり、かなり安価で参加できるからでしょう。

とはいっても、30～40代の働き盛りの人は少なく、私達のようなリタイア組と、20代の若者がほとんど。熟年世代とその子や孫世代が一緒に生活しているというところでしょうか。ですから、普段なかなかお目にかからないような、世代を超えた交流の場になっていました。

年齢の違いだけでなく、職業・国籍等々多彩なバックグラウンドを持った人達が、誰でも同じ目線で話ができるという空気・感覚は、なかなか楽しく気持ちのいいものでした。

私の勉強不足かもしれませんが、シングルタイプやフレンドリータイプというような部屋は他のクルーズ船ではあまり見聞きしない気がします。ほとんどがツインタイプで、夫婦か仲のよい友達と一緒に参加する方が多いのではないでしょうか。

ところがピースボートでは、若者はもちろん、中高年でも一人で参加するケースが多かったようです。もちろん、ご夫婦もいらっしゃいましたけど。特に中高年男性の個人参加が目立ちました。友達づくりが得意な女性は、会ったとたん意気投合するケースが多く、孤独を楽しんでいる姿が目立たなかったのかもしれません。

公共スペースの「アゴラ」は、いつもさまざまな作業をしている人でいっぱい。

ところで、若い乗船者達は、学生さんやフリーターがアルバイトをして貯めたお金で参加する割合が高いのかと思っていましたら、そうでもありませんでした。もちろんそういう人もいたようですし、中には親のスネをかじって参加したという人もね。

でも、私が食堂などで隣り合った若者達は、仕事を辞めてきたという方が圧倒的に多かったような気がします。特に看護士さん、薬剤師さん、介護士さんが多かったのには驚きました。相当なストレスがたまっていたのでしょうし、帰っても求人にはこと欠かないでしょうし、なるほどなあと、なんとなく納得しました。いずれにしても、若者は特に自分探しの旅をしているようでした。

そして、熟年世代の中にも、定年退職後に旅行を楽しむ、疲れた体と心を解放してリフレッシュしたというようなことだけでなく、これからの生き方を模索しているという方がいらしたようです。また、年配者にも看護や介護関係の仕事をされていた方が、意外に多かったような気がしました。それだけ問題意識を持たざるを得ない現場にいたということかもしれませんし、ストレスをため、疲れていらしたのかもしれませんね。

ギリシャ *Greece*

ピレウス（9月1日）

エーゲ海クルーズの拠点となる港だけあって、豪華客船が何隻も停泊していました。最近のクルーズ船はどんどん大きくなっているそうで、大きなビルが海に浮かんでいる感じでした。私達のトパーズ号とは全く違う容姿がまぶしいような、逆に骨董品のトパーズ号が誇らしいような…。

ピレウスは風光明媚な港町で、アテネの近郊住宅地になっているとのこと。家賃はアテネより高いのだと説明されました。

トパーズ号を押してくれたタグボート。

エーゲ海ツアーの豪華客船がたくさん停泊していました。

スニオン岬（9月1日）

エーゲ海の青く澄んだ海を眺めながら、海辺に沿ったポセイドンアベニューを走ること１時間半、ゆったりとしたツアーでした。白壁の家、オレンジ色の屋根、白い砂浜、青い海。海の神様ポセイドンを祭った神殿遺跡が、岬の丘の上に立っていました。

昼食は海辺のレストランで、のんびり２時間、３人前はあろうという量の食事が出てきて辟易しました。旅行中何度も思ったことですが、日本人用に、もっと少量で注文できないものでしょうか？もったいないものです。

現地の方らしい４人組みの老年の紳士がテーブルを囲んでおり、カンツォーネでしょうか、気持ちよさそうに美声を響かせていました。

ポセイドン神殿

ポセイドンは海の神様です。

青く澄んだ海が、とてもきれいでした。

白い壁とオレンジ色の屋根が、
エーゲ海沿岸らしい風情です。

スニオン岬の上にポセイドン神殿の白い柱が見えています。

クロアチア *Croatia*

ドブロヴニク（9月3日）

「アドリア海の真珠」と称えられるクロアチアのドブロヴニク。旧市街は世界遺産になっており、宮崎駿監督のアニメ「魔女の宅急便」の舞台にもなったという美しい街です。

目が覚めてデッキに上がってみると、ちょうど日の出で、すでに船はスローダウン。水先案内人（講師ではなく、本物のパイロット）がトパーズ号に乗り組んでくるところでした。

オレンジ色の屋根と白壁、それに糸杉のシルエットが美しい街が広がっています。でも、ここドブロヴニクは、つい最近弾丸が降り注いだ歴史を背負っています。クロアチアというと、サッカーの方がすぐ頭に浮かぶかもしれませんが、ここはユーゴスラビアが崩壊した後、ヨーロッパの、いいえ世界の火薬庫といわれている地域です。民族間の紛争が起こり、今でも火種は残ってくすぶり続けています。さまざまな宗教や文化が入り混じった歴史を持つがゆえの悲劇なのでしょう。こんなに美しく平和に見えるところなのに…。

この地域は、54回のピースボート活動として力を入れている二つの「地球大学」のひとつで、ボスニア紛争検証ツアーが企画され、後で報告会がありました。

修道院でしょうか。つぎ足されたような小さな屋根が面白い建物でした。

モンテネグロ *Montenegro*

オストログ～スヴェティ・ステファン

(9月3日)

スヴェティ・ステファンの街角で

国境を越えて

モンテネグロの旅は、今回の旅の中でも、美しい景観として最も印象に残るツアーでした。

モンテネグロは、この旅の少し前に独立した出来たてほやほやの国でした。出来たての国といわれても、日本人である私には全く理解できなかったのですが、おいおい思い知らされることとなりました。

ドブロヴニクからはバス移動なので、往復ともにボスニア・ヘルツェゴビナとの国境で通関手続きが必要になります。国境といっても、ガードレールもない片道一車線の山道の途中に小屋があり、簡単な遮断機が下りているだけなのですが…。陸続きの国では、国境ってこんなものなのですね。動物は自由に行き来できるのに、人間だけは手続きをしないと一歩も脚を踏み込むことはできません。まったくややこしい限りです。

船の中では、水先案内人の講座に「ボスニア紛争は何故起こったか?」というようなテーマのものがいくつかありました。1週間前までは仲よく暮らしていた隣人達の中に、あれよあれよという間に亀裂が入っていく現象などが取り上げられ、今まで知らなかった恐ろしさを学びました。現代は噂や猜疑心までがインターネットを通じて加速度的に広がり、恐ろしさも増しています。一人一人がそれらに惑わされない冷静な目を養うのは難しいことかもしれませんね。

トラブル続出

それにしても出来たてほやほやの国で、何事においても整備がされていないせいでしょうか、とにかくトラブル続出でした。

まず、トイレ休憩を予定していた休憩所が断水のため閉鎖。がまんするか青空トイレかの選択をせまられ、私は躊躇なく木陰に直行でした。

また、急峻で高く切り立った狭い崖道にも、ガードレールがありません。私は山間の道は日本でかなり慣れていますが、それでも恐ろしい限りでした。さらに、山上の修道院を訪れるため、乗り換える予定だったマイクロバスが来ていないし、タクシー運転手のストで道が封鎖されるしで、12時昼食の予定が3時過ぎに。追い討ちをかけるように、昼食の間にバスのナンバープレートが盗難に遭い、予定に入っていない警察署へ。盗難証明書がないと国境が通れないため、いたしかたありません。怒っても仕方ないことと、ナンバープレートのないバスの前で、みんなで記念写真を撮影。忘れられない思い出ができました。

ナンバープレートを盗まれたバス。

オストログ修道院

バスで細い小路を何時間も登り、やっとたどり着いた修道院は、岩を掘り抜いて造られたものでした。

このツアーのハイライトでもあったスヴェティ・ステファンという小さな美しい島は、午後ゆっくり訪れる予定でしたが、日暮れ時に到着。どこでも絵になるような、それはもう素敵なところだったのですが、短時間しか滞在できず、なんとも残念でした。もう一度ゆっくり訪ねてみたいところです。

ここでも、トラブルは終わったわけではありません。ホテルに着くと、部屋がちゃんと予約されていなかったことが判明し、男性達がダブルベッドで…というおまけまでついてしまいました。こうなると、まあ泊まるところがあってよかったという気分にすらなってしまいます。

とにかく、とびきり楽しい旅だったとしておきましょう。

レンガ造りの教会の鐘の音が青空に響いて…。

趣のある細い石段が、そこかしこにありました。

石畳とオレンジ色の屋根と蔦が印象的な小さな小さな島でした。

この日の夕暮れは、夢のような美しさでした。

橋を渡ってスヴェティ・ステファンへ。

ブドヴァ（9月4日）

２日目はドブロヴニクを小ぶりにしたような街、２カ所を訪れました。ブドヴァとコトルです。アドリア海沿岸にはこの他にも、こんな街が散在しています。ドブロヴニクを「アドリア海の真珠」というなら、ブドヴァやコトルは何といえばいいのでしょう。

屋根瓦の積み方に興味をひかれました。

朝の海辺はまだ静かでした。

路地を入ると、花いっぱいの家が。

ブドヴァのメインストリートです。

ブドヴァの路地裏で。古びた壁がいい雰囲気。

コトル（8月15日）

ここも素敵な街でした。下町を散策しましたが、手作りの小さな靴屋さんが印象的でした。

小さな街の中に、教会が何カ所もありました。

山の中腹に修道院があるとのことで、石段を登っていきましたが、なかなかたどり着かず、途中で引き返しました。

どこを見ても絵になる風景。

小さな港を取り囲む小さな街です。

街はずれの路地で。

手作りの靴屋さんで。
こんなディスプレイを
見たのは、はじめて！

私のキャビン

船のキャビン（船室）の種類としてはフレンドリー、シングル、ファミリー、ペアタイプがありました。

3階から7階までがキャビンになっており、私の部屋は3階の312号室でした。普段から不眠症に悩まされている私は、個室でないと長期間の旅はとても無理。ということで、シングルの中でも割安な部屋を取りました。トパーズ号も多分そうだったと思うのですが、普通、船は下の階の方が安くなります。

３階左舷後方外側、窓なし。お世辞にも立派な設備とはいえないものの、トイレと洗面所兼用の小さなスペースにはシャワーもついていました。

普通のビジネスホテルの部屋を想像していたのですが、部屋は予想外に広いもので、ベッドとロッカーが三つずつあります。乗船客が多い時は三人部屋になるのでしょう。部屋の配置図を見ても、一人部屋としてはかなり大きい部屋だったことがわかりました。上階の窓付きや、お風呂付きのシングルルームよりも占有面積が広い部屋でしたから。

トパーズ号の３階は客室としては最下階で、喫水線よりちょっと上というところにあります。私の部屋は一番外側でしたから、鉄板一枚外は海。波の音が四六時中聞こえています。波が高い時はまるで嵐の中にいるようで、最初はホント、怖いくらいでした。でも、その騒音もいつの間にか気にならなくなり、波音が子守唄代わりになりました。慣れるものなのですね。途切れることのない連続音だったからかもしれません。

オプショナルツアーが終わって、トパーズ号の自分のキャビンに戻ると、ホッとしたのを覚えています。

フレンドリータイプのキャビン

キャビンの中でも一番多かったのは、フレンドリータイプと呼ばれる3～4人部屋です。利用者はほとんどが若者かと思っていたのですが、年配組でもけっこう利用している方がいらしたようです。もちろん割安ということもあるでしょうが、一人ではさびしいからという方も多かったようです。確かにそうかもしれません。

私の前の部屋はフレンドリータイプで、若い男性の４人部屋でした。時々ドアが開いている時、目に飛び込んでくる光景はというと…足の踏み場もないような「荷物の山」と「洗濯物干し場」で、床が見えないぐらい。もう少し広ければいいのに、気の毒といえば気の毒でした。話を聞いてみると、若い女性達の部屋も似たりよったりとか。

部屋が窮屈なのか、生活時間帯が違うからなのか、廊下に座り込んでノートパソコンを開いていたり、ソファーで眠りこけている若者を、よく見かけたものです。目障りだという人もいましたが、まあ、夜遅くまで食べたり飲んだり、話し込んだりすることもあるのでしょう。私は学生時代を思い出しました。昔の寮もそんなものだったような…。

毎日が学園祭のような日々。

若者達

誰かが、毎日が学園祭みたいな日々だと言っていましたが、まさにしかり。若者の特権、彼らなりの青春だと思えば、ほほえましいぐらいでした。今の世の中、そんな機会を持てない若者が多いのでしょうから、貴重な日々に違いありません。

しかし、狭い部屋でのトラブルは、行き場を見失うと大変なことになります。部屋を変えてもらったり、途中で船を下りてしまう事態にまで発展することもあったと聞きました。逃げ場のない空間で険悪になってしまったという御夫婦の話も聞きました。

私も大学時代は４年間ずっと寮生活。６人とか４人部屋生活でしたので、よくわかります。他人との交流に疲れても一人にはなれないのですから、やはりルールが必要です。時々まじめ顔になってルールを話し合ったことを、懐かしく思い出しました。「ごめんなさい」「ありがとう」はもちろん、うるさい音を立てない、親切を押しつけない等々は基本です。

共同生活では、個性も度を過ぎると問題を起こします。相手を思いやる想像力が必要ですし、相手にわかるように丁寧に説明する努力もいるし…うーん、書くだけって簡単です。現実の生活では、夫婦だって難しいですものね。多分皆さんも大変だったことと思います。

意見の違う人達がどうしたら理解し合い、仲よくやっていけるのか、何が大事で、どこまでが許容範囲なのか。許容範囲を広げる努力、我慢することも多かったでしょうし、若者にはいい経験だったと思います。若者だけでなく、大人だって、国どうしだって、しかりですね。

ジャマイカからコロンビアへ向かう途中、机に向かっていたら、揺れが大きくて気分が悪くなりそうなので、8階の船首デッキに上がってみました。白波やうねりはそんなにひどくないように見えるのですが、手すりにつかまっていないと吹き飛ばされそうなほど強い風。早々に引き上げようとしたら、何組もの若いカップルが座り込んでいるのが見えました。

若者は料金の安いフレンドリータイプの部屋が多いので、恋が芽生えても二人だけで会える機会は少ないに違いありません。少々気の毒な気もしましたが、まあ、こういうのもいいかなと思い直しました。この旅行中何組ぐらいのカップルが誕生するのでしょうか。ちょっと楽しみのような気分でした。

サンフランシスコ港にて。

朝日・夕日

クルーズの最高の魅力は、やはり360度の海。その中でも日の出、日の入り、星空の天体ショーでしょう。南の海の水平線上は霞んでいることが多く、水平線からの日の出や日の入りにはなかなか遭遇しませんでした。でも、水平線からでなくても、実に素晴らしい日の出、日の入りには、何度もうっとり。素敵な思い出になっています。

言葉もなく夕日に見入る至福の時間。

深い群青色の水平線を赤く染めて出てくる太陽は実に荘厳で、涙が出そうになるほどです。皆声もなく見入っていたのが印象に残っています。

私は朝に弱いので、朝日はそれほどではないのですが、夕日の写真は何百枚撮ったのかわからないほどです。見るたびに感激してパチパチとシャッターを押すので、どんどん増えてしまいました。たくさんの写真をデータで保存できるデジカメ様々です。

夕暮れはただでさえロマンチックな気分にさせてくれるものです。ましてや海風に吹かれ、船上で味わう夕暮れは格別です。華やかな夕日の360度の大パノラマショーが終わると、わずかばかりの光をウルトラマリンの空に残して、主役は星に変わります。

普段は日常の慌ただしさの中で、夕暮れをゆっくりと味わうことなどとは縁遠い人が多いのでしょう。いつまでも手すりにもたれ、デッキに佇む人達の姿がありました。船旅ならではのぜいたく、まさに至福の一時です。美しい夕暮れを心ゆくまで楽しみました。

大西洋に夕日が沈む瞬間。

船上で見た虹に感激。

イタリア *Italy*

チビタベッキア～フィレンツェ
（9月6～7日）

トスカーナ地方を行く

港の中に、いきなり崩れかけた遺跡が現れました。さすが石の文化の国イタリアです。ギリシャやクロアチアの旅の余韻にひたっている間もなく、中1日でもうイタリアに着いてしまいました。次から次と、こうも忙しいと記憶を反芻してかみしめている時間などありはしません。さまざまな印象が記憶のかなたに飛んでいってしまうのが、とてももったいなく残念に思えました。

私はミケランジェロとダ・ヴィンチに会いたくて、フィレンツェコースを取りました。トスカーナ地方を縫うようにして、フィレンツェへ。

地中海性気候帯であるこの辺りでも、緑豊かな景色はあまり目にすることができませんでした。トスカーナ地方は穀倉地帯とはいえ、決して降水量が多いわけではなく、日本に比べるとはるかに少ないようです。冬には多少の雨があり穀物も実るのでしょうが、夏の丘陵地帯は茶一色。その中で目についたのは、乾燥に強いオリーブ畑でした。

眺めはよかったものの、これがまたまた長くハードな移動でした。パンフレットの記述より相当オーバータイムになることを頭に入れておけばよかったと反省しても遅く、今回も移動に5時間、しかも夕食のレストランへの往復を入れると7時間バスに揺られていたことになります。

石の文化圏の街には遺跡が多く、車の通行に合わせて道を広げるなどということは難しいため、日本より狭い道に車があふれて渋滞だらけです。道路がまっすぐでなく、突然狭くなっていたりということも多く、日本で奈良界隈を車で走った時のことを思い出しました。

トスカーナ地方にて

美術館のような街、フィレンツェ

　私達が泊まったのはフィレンツェの中心部、ゴシック様式のサンタ・マリア・ノヴェッラ教会の近くでした。歴史地区なので、バスは通行止め。まあ、走りたくても狭くて無理でしょう。観光は全て徒歩でした。ルネッサンスの歴史的な街並みは今でも大切に保存されており、美術館の中に人が住んでいるという感じです。もちろん世界遺産に登録されており、観光客であふれかえっていました。

　今回ドゥオーモ（サンタ・マリア・デル・フィオーレ大聖堂）には登れませんでしたが、ヴェッキオ橋、ウフィツィ美術館などを足早に通過、その周辺の空気を吸ってきました。

サンタ・マリア・ノヴェッラ教会

この教会近くの古いホテルに泊まりました。正面の美しいファサードが有名ですが、このスケッチは側面から描いたものです。

サンタ・マリア・デル・
フィオーレ大聖堂
かの有名なドゥオーモです。

美術館の窓から見た景色。

夕暮れのアルノ川とヴェッキオ橋

ミケランジェロ広場から眺めた景色です。ヴェッキオ橋（ポンテ・ヴェッキオ）とはイタリア語で「古い橋」という意味だそうです。

フィレンツェ地区は、町中が美術館のよう。

奥に見えるのは美術館。

ヴェッキオ橋

橋に取りついているような店の多くは、宝飾品を扱っていました。

船での生活

●船での１日

せっかく船に乗ったのだから朝の目覚まし時計とは無縁の生活がしたくて、ツアー等がない日はセットしませんでした。目が覚めた時が朝。目覚めた後も、しばしベットでまどろんだり、本を広げたり、以前から夢見ていた生活を楽しめる日もありました。

西回りの航海中は、しばしば時差で1日が25時間になります。そのため時計の針を直し忘れ、そろそろ日の出の時間のはずと８階のデッキまで行ってみると、まだ明けやらず、人影もなくということが何回もありました。そんな時は前方デッキに行ってみます。星が一つずつ消えて、水平線が薄明かりに浮かび出てくる…海を独り占めできる気分は素敵でもあり、もったいなくもありでした。

そのうち、自主企画のラジオ体操が始まり、モーニングコーヒー、そして朝食。朝食も終わらないうちから、企画やイベントが盛りだくさん。それがなかなかのもので、のんびりする暇はありませんでした。もちろん、どれにも顔を出さなければ三食昼寝付きのぐーたら生活も可能なのですけど。

いろいろな講座だけでなく、シアターでは毎晩映画を上映しているし、キャビンのテレビでも２チャンネルで違う映画等を見られます。次に訪れる国の人々の生活や歴史が描かれているものが多いので、ついつい見ないのはもったいないような気にさせられ…で、いつの間にか次の食事というサイクルになるわけです。

それに、食事の時間（朝は7時から9時というように）が決められていたり、寄港地上陸前日には説明会が行われたりということもあり、想像していたよりずっと忙しくて、のんびりしたいという当初の目的は、なし崩しになってしまったようです。普段から忙しいのに慣れきっている私は、やっぱり貧乏性なのでしょうか。

●食事

船内にはレストランが二カ所ありました。一つは４階のトパーズダイニングという大きな食堂、もう一つは軽食が中心の８階のヨットクラブです。

トパーズダイニングの朝食はビュッフェ方式で、昼食と夕食はコース料理になっていました。定期的に和食メニューが組み込まれており、伝え聞いた話では、以前に比べると食事の質がとてもよくなったのだそうです。日本人の料理長が乗っているからだとも。

朝は軽めにコーヒーとパンでという時は、８階のヨットクラブにいきます。席の一部がオープンデッキになっているので、海風に吹かれ、大海原に抱かれている気分で実に気持ちがよく、船旅ならではのゆったりとした時間を持てる場所でした。

いずれの場所も若者にも十分なボリュームたっぷりのメニューで、うっかりすると体重にはねかえってくるので要注意。結果、私も注意していたにもかかわらず３キロほどオーバーしてしまい、船を降りた後もしばらくの間元に戻りませんでした。

足が悪いとか、体調がすぐれない人には、食事やお粥をキャビンに届けてくれるサービスもあったようです。

レストランでは大勢のウェイトレスやウェイターが働いています。彼らの国籍は多様で、フィリピン、インドネシア、インド、ウクライナ等々。ブルガリアから来ているという愛らしい姉妹も働いていましたが、よく似ていて、結局どちらがどちらなのかわからずじまいでした。それにしても、毎日1,000人以上の食事を用意する苦労は大変なものでしょうね。

旅行中、船での食事は全部ついているのですが、アルコール飲料（ワインやビール）や、他のバーなどでは自己負担です。

ヨットクラブは夜８時になると「波へい」という有料の居酒屋に変わります。ここでは日本酒や焼酎などが飲める他、サンマの塩焼きや鮨、おにぎり、うどん、ラーメンなど和食のメニューがそろっていました。日本食が恋しくなったらここへ来ればいいわけです。私などは夕飯だけでもう満腹、なかなか夜食という気分にはなれず、ほとんど利用しませんでしたが、居酒屋通いが好きなお父さん達には、なくてはならない場所だったようです。

さらに、毎日飲みたい人はヘミングウェイバーに。ここで飲み友達ができたという話もよく聞きました。また、船室は禁煙で喫煙場所が決められているため、そこで喫煙友達になったという人もいたようです。

●服装

ピースボートの船旅における服装は、カジュアルなものでＯＫということでした。

7～9月の赤道近辺ということで、真夏の南の海を旅するのだという先入観念が災いして、私が用意していったのは半袖や袖なしのＴシャツや短パン、それにサンダル。ところが船内は冷房が効いており、寒いくらいだったのです。

寄港地ですら、エクアドル（スペイン語で赤道という意味）の首都キトは標高2,800メートル、メキシコシティーは標高２,260メートル。またガラパゴスは赤道上にもかかわらずフンボルト海流で涼しく、サンフランシスコでは重ね着しても寒いくらいでした。

航海中に何度かトパーズダイニングでフォーマルディナーが催されましたが、服装はかならずしもフォーマルウェアでなくてもＯＫ。寄港地で買った民族衣装を着たり、思い思いのお洒落をしてみてはということでした。そのうたい文句に乗せられて、衣装はどこかで調達すればいいんだと何も持参せず、スニーカーとビーチサンダルしか持っていかなかったのは失敗でした。まあ、フォーマルディナーに参加したくなければ、ヨットクラブで軽食をとればいいのですから。でも、ベトナムのアオザイやインドのサリーを素敵に着こなしている方もたくさんいました。

いつでもどこでもカジュアルでラフなスタイルＯＫというのは、ピースボートの大きな魅力でした。日常とは違った空間の中で、普段よりももっと自由で個性的なファッションや髪型の若者も目につきました。甚平や羽織、それに草履といった和風の姿もちらほらでした。

インドやアフリカという「一枚の布」の文化圏を通過した後は、そんな布を買い込んで着こなしている人が増えました。船内の寒さのせいもあったのですが、それが何ともサマになっておらず、かぶっているというか、巻いているというか…。悪くいえばだらしなく、よくいえば自由になっていく…。私も例外ではなく、そんな日常から離れた雰囲気は、気持ちよく楽しいものでした。まあ、あまり想像していただかなくても結構ですが。

●水

部屋にはシャワーと洗面台がついており（浴室つきの部屋もあります）、もちろん、一応お湯は使えました。

飲み水やお茶用のお湯は食堂脇に用意されており、各自がポット等を持参し、毎日取りにいくということということになっていました。トパーズ号には海水を淡水にする装置がついていると聞きましたが、水が貴重なことには変わりありませんでした。

●ゴミ

売店では、環境に配慮して袋は出しません。また、レストランにはマイカップやマイ箸を持参している方もいらっしゃいました。確かにこの人数のゴミが毎日出るわけで、考えると気が遠くなります。

出港テープも再利用します。出港後デッキに集まって、テープを巻き直している人達を見かけました。

●日々の情報、郵便等

テレビがあってもニュースは映りませんし、新聞もありません。でも、ネットで配信された主なニュースは7階のピースボートセンター横の掲示板に張りだされます。また、寄港した翌日は図書コーナーに新しい新聞が置かれていました。掲示板に張り出されたニュースには時折目を通しましたが、新聞には手が伸びませんでした。

船内にポストがあり、郵便は各寄港地で投函されます。でも、モンバサで日本宛てに十通ほど出した葉書は、ほとんど着きませんでした。要注意です。

●海越（みこし）新聞

クルーズごとに呼び名は変わるようですが、毎日手書きの新聞が発行されます。私が参加した54回クルーズでは「海越新聞」と名付けられていました。

ピースボートのスタッフが核となり、応募した乗客が新聞作りのスタッフとして活躍していました。新聞局員に志願した若者達は大変忙しいらしく、連日寝不足だとぼやいていました。毎日、しかも朝一番に出来上がっているのですから、ホントに大変。でもきっと、それなりの収穫もあったことでしょう。ごくろうさま！！

●運動

小さいながらもジムがあり、ウォーキングマシーン等もあるのですが、なぜか一度も足を踏み入れませんでした。8階のデッキにはプールやジャグジーもあります。ここも利用しないうちに航海が終わってしまいました。プールといってもそんなに大きいものではなく、外の海と同じように水が揺れていたのを横目で見ていました。船の揺れが激しい時や夜間は使用禁止、一方昼の日差しは射るようで、とても入る気になれませんでした。夜は意外に寒く、ジャグジーですら利用している人は少ないような気がしました。

船内には小さいながらコンビニもありました。

スペイン *Spain*

バルセロナ〜モンセラット

（9月9日）

またまた中一日でバルセロナへ。本当に慌しいことです。バルセロナはカタルーニャ州の州都でスペイン最大の港湾都市です。

地中海の国々は、いずれも歴史上のある時期隆盛を極めた時期がありました。スペインも然り。ハプスブルク家全盛の頃は世界中に植民地を持っていました。地中海の旅は、栄枯盛衰の歴史の足跡をたどる旅でもありました。

バルセロナには知人が何人か住んでいますが、とても住みやすい街だといっていました。

外国に居住するうえで重要なのは、現地の方達がどう受け入れてくれるかが一番だと思います。治安や物価もあるでしょう。また、バルセロナの場合、ここまで通り過ぎてきた地中海の街よりも緑が濃いのも一つの要因かもしれません。日本人にとって緑はホッとする色でしょうから（アラビアの砂漠に住む人にとっては砂色がホッとする色との

モンセラット修道院

こと。緑のあるところは湿気があり苦手だという話を聞き、目からウロコでした)。そして、暖かなバルセロナにいながら、東京から関西・四国等に出かける感覚でパリ、ロンドン、モンブランへも行けるという地の利感覚もあるのかなと思えました。

ここではバルセロナ北西50キロほどの山にあるモンセラットの修道院を訪ねました。

モンセラット山は、ガウディが影響を受けたといわれる独特な山容を持つ岩山です。

半日でモンセラットとはお別れ、バルセロナに戻り、車窓観光。それでもサグラダ・ファミリア教会（聖家族教会）でバスを降り、見上げる時間はありました。

人々の浄財のみで建築されているために工事はしばしば中断し、完成するまでにあと100年か200年かといわれているそうです。でも予定より早く完成できる見通しとか。計画では、今ある生誕と受難の二つのファサードに加え、南面に栄光のファサードが造られ、ラテン十字平面を持つ聖堂の中央には高さ150メートルの尖塔がそびえ立つそうです。

サグラダ・ファミリア教会
残念ながら中をのぞく時間はなく、まわりを一周しただけでした。

バルセロナのビル

街を車窓から眺めていて、気になる光景に出会いました。ガウディ設計のカサ・ミラというアパートの隣に実にカラフルなビルが建っています。その方が気になって目をこらしていたら、どうも建築最中のビルの擁護幕（？）らしいのです。その幕にはそれぞれの階の住人達の生活風景、植木鉢やカーテン、のぞいている人影等が描かれているのです。その楽しさに、「さすがスペイン、やられた！」って思ったものです。

バルセロナ港にて

港を埋めつくすヨット群。

モロッコ *Morocco*

ウチワサボテン

カサブランカ〜マラケシュ
（9月13日）

マグレブの地

北西アフリカ三国、モロッコ、アルジェリア、チュニジアを総称してマグレブと呼びます。マグレブとはアラビア語で「陽の沈むところ」の意味で、その西の端にあるのがモロッコです。この地には太古よりベルベル人が住んでいましたが、カルタゴ、ローマ、バンダル、ビザンチン、そしてアラブ人によって支配され、現在に至っています。時には大西洋や地中海沿岸の港町がスペインやポルトガルの支配を受けることもあったとのことです。近代に入ると、フランスの植民地を経て、第二次世界大戦後の1956年に現在のモロッコ王国が誕生しました。

モロッコはヨーロッパ、アフリカ、アラブをつなぐ交易の十字路として重要な役割を果たしてきました。ベルベル＆アラブ文化に各国のエッセンスが加わり、多彩なミックスカルチャーが育まれたため、「アフリカ大陸の国」とひとくくりにはできないような独特な文化があるとのことです。

とにかく遠いということだけでも、不思議で未知なるファンタスティックな世界が広がっていそうでワクワクする国なのですが、王国として封建的で自由が束縛されている側面もあるとのことです。

赤い砂漠の道

モロッコでのツアーは名前の響きだけで決めたマラケシュ行きです。世界最大のスーク（市場、アラビア語やペルシャ語ではバザール）があるという街です。

カサブランカからマラケシュまでは砂漠の道を４時間のバス移動。年に何回か雨が降るのでしょうか、表土流出の傷口が痛々しい赤い砂漠が続いていました。それでも道の両側にはアカシアやユーカリ系の木が植えられています。乾燥に強い木なのでしょう。タンザニアのサバンナにあった木と同じですが、さらにやせて、ひょろひょろ並んでいるという様子でした。そして時々大地の小さなシミのようにウチワサボテンの畑が現れては消えていきました。ウチワサボテンには、こぶし大の実がなっています。この実はスークの中で山積みにして売られていましたが、甘酸っぱく美味でした。砂漠でも採れる貴重な果物、ビタミン源なのでしょう。

まさに表土流出が進む赤い砂漠。

レストランで

昼食はマラケシュ近くのレストランで。食事内容は忘れてしまいましたが、隣の方のフルーツポンチのようなデザートの中に小さなゴキブリが入っていたのには苦笑させられました。取り替えてもらったのですが、裏では虫をつまみ出し、何でこんな虫ぐらいで交換しなければいけないのかといぶかっていたかもしれません。日本だったら大騒ぎになることでしょう。

マラケシュのスークにて

昔ながらの皮、金属、木工等の職人さんの息づかいが聞こえるような路地です。

スーク探検

昼過ぎには、いよいよスーク探検。迷子にならないよう、それからスリに用心とツアーリーダーにしつこくいわれて、出発！　確かに迷路探検です。道は狭く曲がりくねり、脇道から脇道が延びていました。地図があるなら欲しいと思ったのですが…。

皮・染色・木工・金工・ガラス等々、私のルーツでもある手工芸の世界が続いています。銅や真鍮を叩く音、削った木の芳香の中を、軽い興奮を覚え、お店の人に話しかけたい誘惑を振り払いながら、列を見失わないよう、でものろのろと進みました。

スークの楽器店

楽器屋さんにはさまざまな形のドラムや弦楽器などが、ところ狭しと並んでいました。

夕べの祈り

2時間ほどのスーク探検後、その喧騒にひどく疲れたので、中心にあるフナ広場のカフェで休むことにしました。ミントティーを頼んだら、小さなガラス製のポットの縁までなんと生のミントの葉がいっぱい、実に強烈なミントティーでした。私達の味覚や嗅覚ではあまりにも強烈すぎて飲めないしろもの、味覚ってここまで違うものなのですね。

マラケシュの街角で。

イスラムの女性達は暑くないのでしょうか？

ちょうど夕暮れ時、素敵な夕日にミナレット（イスラム寺院の塔）のシルエットが…と期待していましたが、雲が広がり残念。しかし灯がともりだしたフナ広場は、さらに活気を帯びてきました。夕刻の祈りでしょう、ミナレットからアザーン（礼拝への呼びかけ）が流れ、人々が吸い込まれていきます。数え切れないほど並んでいる屋台の食堂や大道芸人達の演技の輪も華やかになり、活気が満ち満ちていました。

ピースボートでのオプショナルツアーを取らない自由行動の若者達が屋台に何人も座っていました。ツアーに頼らず自分で現地の交通手段等を調べて自由行動をしている、お金はないけれどたくましい若者がたくさんいるのは、嬉しい限りでした。

カナリア諸島（スペイン）

Islas Canarias

港のモニュメント
人間の二倍もの高さがある大きな犬の像。カナリアの地名の由来です。

ラスパルマス（9月15日）

　モロッコ沖に位置しますが、カナリア諸島自治州としてスペインに属しています。古代ローマの学者プリニウスが、島に多くの野犬がうろついていることを最初に伝えたため、ラテン語で犬を意味するcanisがカナリア（Canarias）諸島の名前の由来となったとのこと。鳥のカナリアがたくさんいたからではなかったのですね。

　私達が訪れたのはグラン・カナリア島。大西洋に浮かぶ火山島で、高い山がそびえています。玄武岩が多い肥沃な島とのことでした。

　この島でも目からウロコということがありました。屋久島のように高い山がそびえる島、しかも大西洋上とくれば、当然海から蒸発した水蒸気が山にぶつかって雨を降らすはず…と予想していたのですが、見事に裏切られました。

　カナリア海流という寒流に囲まれているため、水蒸気はあまり蒸発しないようなのです。標高450メートルまでは砂漠気候で、標高が上がるにつれ緑は濃くなっていくのですが、鬱蒼とした森林というわけにははいきません。年間雨量が10,000ミリを越えるような屋久島の気候は、黒潮という暖流あっての環境なのだと気づかされました。

　ここでの昼食は、主食だというジャガイモにガーリックソースという素朴なもの。白ワインによく合い、ホッとするような味でした。また、この島第二の都市、テルデ市には「ヒロシマ・ナガサキ広場」があり、日本の憲法九条の碑というものがあると聞きました。戦争放棄という精神が地球の裏側で評価されている話は、嬉しいことでした。

ラスパルマスの町はずれの教会です。

船酔い

船に乗った話をすると、真っ先に聞かれるのは「船酔い大丈夫だった？」ということです。私の答えは「うん、大丈夫でしたよ」。とはいえ今回の旅では、神戸港を出港するやいなや、進路上に大きな台風が…。外洋に出ると、かなり大きな揺れになりました。そのせいもあり、ベトナムまでの５日間は人並みに船酔い状態が続きました。

酔い止めのトラベルミンはフロントに行けばいつでももらえるよう用意されており、私もお世話になりました。幸いそんなにひどくはならず、ベッドに釘付けにならずにすみましたが。

でも、そんな船酔いも最初だけ。インド洋、大西洋、太平洋と大洋に出るたびに揺れは大きくなり、廊下を歩いている人は斜めに立っているように見えるし、蛇行歩きしている状態でしたが、大丈夫でした。

机に向かっても気分が悪くならないし、食事もちゃんと取れるし…、慣れるものなのですねえ。まあ、ほとんどの方が問題なさそうでした。

風邪

私は出発前かなり忙しく、無理したこともあって軽い鼻風邪をひいてしまいました。その風邪をそのまま引きずって治るのに旅の半分以上を要したのには、ほとほと閉口でした。

そのせいで、ツアー中三回もホテルに引きこもって寝込んでしまいましたし、船医さんにも何度もお世話になりました。みんなには、長引いたのは歳のせいだといわれましたけど。

デッキに出れば、暑いのですが…。

船内は、生活環境を清潔に保つため、低温・低湿度状態が維持されています。船体の錆などへの配慮もあるのでしょう。それにしても、部屋の洗面台の上にイソジン液が用意されているということは…風邪を引きやすい環境が整っていることを意味しているようです。

乾燥して涼しく、閉ざされた空間に多くの人が生活しているとなれば、風邪が蔓延するのは当然かもしれません。エアコンのダクトやフィルターは繋がっているわけですし、かなり老朽化もしていましたから…。一時はあちらこちらでゴホンゴホンが聞こえ、「トパーズ風邪」という呼び名までついていたほどです。体力・免疫力がある人には問題なかったのでしょうが。

出発前にもっと体調を整えておけばよかったと反省しても、すでに遅かりし。まあ、旅に出て気がゆるんだせいもあるかもしれません。次なる時の教訓です。

それに、真夏に南の海を回るのだからという思い込みで、着る物は半袖や短パンばかり準備していったのも大誤算でした。一歩船内に入ると寒いくらいですから、長袖のセーターなどをもっと用意していけばよかったのですが、情報不足、準備不足でした。それでも、部屋の中に洗濯物や濡れたタオルを干して湿度を上げたり、エアコンを弱めにして冷気を防いだり、寝る時はマスクをしたり、いろいろ工夫はしたのですけど。

旅の半ばを過ぎて大西洋に出たあたりで、ようやく体調が快復しました。船上生活にもすっかり慣れて快調になったところで、旅は終了。

洋上大運動会

大西洋上では、この船が東京を出て以来、最大のイベントともいうべき洋上運動会が開催されました。何しろ狭いデッキ上での運動会、どうするのだろうと思っていたのですが、運動会は大いに盛り上がりました。

地域対抗戦で、参加者約500人を出身地ごとに赤・青・黄・黒・白の5組に分けて競い合いました。私は今住んでいる埼玉ではなく故郷の静岡組に参加ということで黄色組。参加したのは応援だけでしたけど。

狭くて揺れるデッキの上で、バランスをとりながら走ったり跳んだりするのは相当大変です。でも、皆さん日頃の運動不足解消とばかりに、楽しそうに競技に参加していました。

私はこのあたりで横浜から引きずっていた風邪とやっと縁を切ることができました。まったく長引いたものです。

棒拾い競技でのワンシーン。揺れるデッキの上では、単純な動きもかなりスリリングなものになります。

私は東海地方出身ということで黄色組。みんなそれぞれのチームカラーの服を着たり、顔にペイントをしたりしていました。

ジャマイカ *Jamaica*

モンテゴベイ（9月25日）

ジャマイカはイギリス連邦に属しており、熱帯雨林に覆われた自然豊かな島国です。振り返って見るとベトナム、シンガポール以来はじめて見た、あふれるばかりの緑でした。

国のモットーは「多種多民族の国、でも一国民」。原住民はヨーロッパから持ち込まれた疫病で絶滅。その後、アフリカから奴隷として連れてこられたアフリカ系の人が多いとのことです。

私達が聞きなれた地名は、なんといってもブルーマウンテンでしょうか。ブルーマウンテンコーヒーの80パーセントが日本に輸出されているという話には、びっくりでした。

ジャマイカでは、ラスタマンと呼ばれる自然志向の生活スタイルを持つベジタリアンの人々の住まいを訪ねました。太鼓の演奏とレゲエを聴きながら豆のスープや芋類、果物などで昼食、優しい味でした。

夕方は海岸でレゲエのチャリティーイベントに参加。とにかく蒸し暑く、若者達の中には洋服のまま海に飛び込んでいる人達もいます。きれいな海でとても気持ちよさそう。うらやましい限りでした。私も飛び込みたかったのですが、それでまた風邪でもぶり返したら年寄りの冷や水とバカにされそうなので、あきらめました。

ピースボートの船上で出港のたびにかかっている「Believe」という曲は、ここジャマイカのグループがピースボートのために書き下ろしてくれた曲とか。そんなノリのいいリズムを体で聞きながらの素敵な１日でした。

サン・バッシュ・コンサート会場前の桟橋。

スコールが！

若い女性達は競ってコーンローというおしゃれな編み込みのヘアスタイルで帰ってきました。かなり時間がかかるのかと思いきや、ほんの10分ほどで編んでもらったとか！　驚きでした。

ジャマイカといえば、やっぱりレゲエです。

コロンビア *Colombia*

不思議な海（9月22日）

これが海？　油を流したような海面でした。

コロンビアに近づいた時、不思議な海を見ました。海は大きなうねりだけとなり、のたりのたりと油を流したような波一つない海面に、ぽっかりと水平線上の雲が映っています。この世のものとは思えないような幻想的で不思議な景色。まるで昼の夢を見ているようでした。

驚いて、隣にいた男性に「気味が悪いですね」と話しかけたら、ちょうど昔仕事で船に乗っていた方で、赤道近くではよく見かける景色だと教えていただきました。帆船時代は、この海に捕まると動きが取れなくなると恐れられていたとのこと。天変地異でも起こる前触れではないかと心配していたので、ホッとしました。

カルタヘナ（9月27日）

午前中は世界遺産に登録されている旧市街を車窓観光。スペインやポルトガルの植民地となっていた南米の他の都市同様、フレスコ画のようなカラフルでやわらかい色調の街並みです。ちょっと散策した後、空港へ移動しました。

私はここでもオーバーランドツアーを取り、ガラパゴス諸島に出発。直行便はなく、エクアドル第二の都市グアヤキル経由です。

世界遺産にもなっているカラフルな旧市街。

エクアドル *Ecuador*

レジェンド号

ガラパゴス諸島
(9月28日～10月2日)

レジェンド号に乗って

グアヤキルには１泊だけして、翌日はダーウィンが進化論の着想を得た島、ガラパゴスに飛びました。ガラパゴスも太平洋上の島ですが、フンボルト海流という寒流に支配されているため、緑あふれる島ではなく、砂漠気候です。

それにはもう驚きませんでしたが、赤道直下といわれても信じられないくらい涼しいのには、びっくり。持っていった衣類だけでは寒くて、船内で長袖厚手のパーカーを買ってしまいました。空港は石ころだらけの大地で、さっそくイグアナのお出迎え。さすがです。

シャトルバスで船着場に着くと、ベンチがアシカに占領されており、近くに行っても片目さえあけてくれません。桟橋からはパンガと呼ばれる12～13人乗りの小さなゴムボートで、５日間お世話になるクルーズ船レジェンド号（100人乗り）に乗り込みました。船室には大きな窓があり、トパーズ号とは大違い。ちょっと感激したものです。

乗船してすぐにオリエンテーションと避難訓練があり、その後、最初の訪問地バルトロメ島へ出発。船から島に移る時は、常にパンガに乗り換えます。桟橋のようなものがあるところは「ドライ・ランディング」で濡れずに移動できるのですが、砂浜が上陸地点となるところでは、膝下まで濡れてしまう「ウェット・ランディング」になります。

翌日から、昼はいろいろな島を巡り、夜は船でという生活、とてものんびりした気分でした。今までのツアーと違い、バス移動時間などがないからでしょう。

パンガ
船着き場のない島には、こんなゴムボートで上陸します。

動物達との出会い

たくさんの動物達との間近な出会いはとても素敵で、スケッチもたくさんできました。でも何といっても素晴らしかったのは、シュノーケルで泳いでいた時、アシカが遊びに来て一緒に戯れてくれたことでした。鼻がくっつきそうなくらい近くまで寄ってきてはスイッと方向転換をしていきます。遊ぼうよと誘ってくれている雰囲気なのに、ついていけない悲しさ。でも、実に楽しいひとときでした。ほんの１時間ほどだったのですが、さすがに赤道直下の太陽は強く、日焼けでベッドに背中をつけられないくらいのヒリヒリ状態に。これも久々の体験でした。

ガラパゴスでは、観光客は船に滞在することになっています。船に乗れる人数で観光客の入島人口を規制しているという話だったのですが、タンザニアのサファリカーほどではないものの、船の数と規制人数とには、ずれがあるような気がしました。

絶滅寸前だったゾウガメは、努力のかいがあって確実に個体数が増えているという話です。しかし、ゴミの問題はもちろん、以前人が持ち込んだヤギやネズミやアリ等が駆除できず苦労していること、エルニーニョ現象のせいでペンギンが壊滅的な打撃を受けていること等々、問題は山積しているようでした。

アシカ

フンボルトペンギン

アシカの兄弟？

アオアシカツオドリ

コバネウ

海イグアナ

この植物は名前がわかりませんでした。

ゾウガメ

キト（10月2日）

ガラパゴスから、今度はエクアドルの首都キトに移動。

キトはアンデス高原、標高2,850メートルの高地にあり、空気が薄いので街では決して走らないようにとのお達しがありました。ホテルには、非常用の酸素が用意されているそうです。槍ケ岳や穂高の山頂ほどの高さにいるのですから当然なのですね。また、ホテルの窓からは標高5,000メートル級のアンデスの山も見えました。にもかかわらず、ホテルの夕食になかなかおいしいお鮨とお刺身が出たのには、みんな感激ひとしお、嘆声が上がりました。

エクアドルという言葉はスペイン語で「赤道」を意味するとのこと。キトの近くを通る赤道のところに、記念碑なるものを見学に行きました。赤い線をまたいではしゃいだり、その線をはさんでほんの１メートルだけ離れている桶にためてあった水の渦巻きが反対になるという実験を見て驚いたりと、なかなか楽しい一日でした。

真っ青な空と白亜の塔のコントラストが印象的でした。

時代の違う建物のコラボレーションですが、何の違和感もなくなじんでいました。

飛行機の窓から撮影しました。標高があるキトは、雲の上に街が広がっています。

赤道をまたいで。後ろにいるのはガイドさん。

ピースボートという船旅の魅力

　ピースボートの旅は、もちろん船旅です。ホテルが居ながらにして移動してくれるわけで、毎日連泊、大海原をゆったり満喫できる至福の日々。クルーズ船による旅行は、ぜいたくといえばこれ以上ぜいたくなことはありません。

　目的地に移動するのに、飛行機のように座席に縛られることもなく、移動するたびに荷物をまとめて、また解いてという面倒もありません。時差もゆっくり調整できるので、身体がずっと楽で、眠気に悩まされることがないのも大きなメリットです。オプショナルツアーから戻ってトパーズ号に帰ると、自宅に帰ったようにホッとしたものです。

　デメリットがあったとすれば、私の場合、日焼けと、運動不足による体重増加でしょうか。それから、毎日とてつもないエネルギーを消費しているということでしょう。

　私は当初、特別にピースボートだから乗ってみようという強い思いはありませんでした。観光だけのツアーとはちょっと違うのかもしれないぐらいの期待はありましたが、それよりも、とにかく息抜きしたい、のんびりした時を過ごしてみたいという気持ちの方が強かったのです。

　とはいえ、もともと好奇心は人一倍強い方。航海中ほとんど毎日企画されている講座等は魅力的で、いつの間にかハマッてしまいました。それらは、地球の今を知る手がかりになるものが多く、見たことのない景色や、かいだことのない匂いをかぎ分ける手助けになってくれました。とても素敵な企画があったと思います。

　船自体は豪華客船とはいえませんが、格安料金で観光や訪問国の人々との交流もでき、シングルの部屋もあるので一人で気軽に乗ることができます。平和、ボランティアというような、ピースボートの趣旨に賛同して乗船している方がいるのはもちろんですが、私のように、ただのんびりしたいという目的の人でも受け入れてくれるのです。

ジャイプールのホテルにて

　とにかく一番の魅力は、年齢も職業も目的も様々な人が同じ空間に混在しているということです。同じ目的の人達が集まった方が行動はしやすいのでしょうが、世の中を凝縮したように、いろいろと意見の違う人達がいる方が、むしろ健全さを保てるのかもしれないとも思いました。何かを積極的にしたいと思えば、ツアーをスタッフと一緒に作り上げることもできるし、何もしたくないと思えば何もしないでいいのです。

　目的に賛同してがんばっているのは若者達が主体なのかと思ってたら、なんのその、年配組も負けてはいませんでした。考えてみれば、若かりし頃に学生運動や学園祭を経験してきた世代です。さらに社会でいろいろなことにかかわり、運営をしてきた人達なのですから、まあ、当然かもしれません。みなさん実に楽しそうで、生き生きしている様子でした。私も今回は骨休めが目的と決めていなかったら、いろいろなプロジェクトに飛び込みたいくらいでした。

　中高年者の中に、二度も三度も乗っているというリピーターがたくさんいるのは、驚きでもあり納得でもありました。そういう方達は船のことをよく知っており、その分しっかり楽しんでいるようでした。可能なら、私ももう一度参加してみたいと思っているくらいです。

スケッチするということ

今回の旅には、あちこちでのんびりスケッチしてこようと、スケッチブックを何冊も用意して出かけました。ところが船に乗り込んでみたら、それは全く不可能だということがわかりました。何もかも番狂わせだらけ。思ったように筆が進まないというより、スケッチブックを広げることができませんでした。

どこに行っても体力勝負のハードスケジュール。私がそういうツアーを選んでしまったことに原因があるのですが…。また、船内の講座もなかなか面白く、ついついスケッチ時間がなくなってしまう、という有り様でした。

スケッチをすることの利点は、何といっても物をよく見るということです。よく見ないと描けないわけですから。スケッチは、風景をつくり出している人や物の細部までを観察することから始まります。すると、描こうとしなければ素通りしてしまうようなさまざまなことを気づかせてくれるのです。

通りの端に二人の男の人が座っているな。椅子ではなくて何か樽のようなものに腰かけているみたい。樽に何か書いてあるようだけど…というように。

もちろんそんなに細かいところまで描くわけではありませんが、わかっていると筆が進むから不思議です。そんな情景を描くことによって見えてくる現実があります。「なぜなんだろう？」から始まって、風景を読み解く面白さも生まれてきます。時間さえあれば、旅先でのスケッチは、旅をより楽しく興味深いものにしてくれることでしょう。絵が好きな方には、ぜひおすすめです。

私はツアー中、何本か線を引いただけというぐらい簡単な、スケッチともいえないようなスケッチを、船に帰ってから描き足したり、色をつけたりという作業を、よくしていました。それには、出発前に買い換えたデジカメとパソコンが大いに役に立ちました。

自分で撮ってきた写真を参考にしてスケッチを描き足す場合、以前は小さな紙焼き写真に頼るだけでしたが、パソコンを使うとバックライトの大きな画面で見ることができます。しかも拡大すれば、細部まで鮮明に再現することができ、もっと近寄らなければわからなかったような小さな模様や暗いところまでよく見えます。大いに威力を発揮してくれました。それに、デジカメがどんどん小さく軽く高性能になったことにも、驚き、感謝です。

カルナック神殿にて

メキシコ *Mexico*

メキシコシティー（10月4〜5日）

キトからメキシコシティーへの移動も、早朝（夜中？）3時のモーニングコール、4時出発という過酷なものでした。どこの空港でもセキュリティーが厳しく、いやになるほど時間がかかります。14時半到着でしたが、中南米にしてはこの上なく順調であるとの説明…なるほど。

メキシコシティーも標高2,300メートルの高地に位置します。アステカ王国時代は首都であり、テスココ湖の湖上に築かれた壮麗な都市であったということです。スペインに征服された後、湖が埋め立てられ、その上に築かれたのがメキシコシティー。1985年に起きた大地震でビルが崩壊したということも、うなずけます。関東大震災でも、やはり江戸時代に埋め立てた地盤の弱いところの被害が大きかったということを思い出しました。今日本で建てられている超高層ビルは深い岩盤にまで杭を打っているのでしょうが、やはりちょっと恐い気がします。

ちょうど建国記念日が間近な街は、派手に飾り立てられていました。まるでクリスマスのような雰囲気です。夕方はホテルでの食事。レストランに移動しないホテル食は、慌しくないのでホッとします。

街は建国祭でにぎわっていました。

こちらも実にカラフルで美しい羽飾りの冠をつけて踊る人。

カラフルなわら細工のような置物。

建国記念日の飾り。国名の由来であるメヒコ族の象徴であるウチワサボテンに止まったワシがヘビをくわえている図柄が、モチーフになっています。

メキシコシティー郊外の家

ティオティワカン往復の車窓から見えたコンクリートの家並みです。色とりどりの箱のような住居が積み木のように並んで山の斜面を覆いつくしていました。お金ができるとペンキを塗るのだとか。それにしても日本では見かけないカラフルで楽しい色彩感覚を持った人達のようです。

ティオティワカン遺跡（10月5日）

メキシコシティーの北東50キロほどに位置する巨大な宗教都市遺跡です。太陽と月のピラミッドが有名で、ティオティワカンとは「神々の都市」という意味なのだそうです。BC200～AC800年頃に栄えた文明が残したものだとか。しかし、発掘研究はまだ始まったばかりで進んでいないとの説明を受けました。上下水道が整っており、文明の高さが感じられる遺跡でした。

私は高さ65メートルの太陽のピラミッドに登りました。見たところはなだらかそうなのに登ってみると大違い、とても狭く急な階段でした。

間に紙一枚入らない見事な石組み。

鬼？

太陽のピラミッド

見た目よりずっと急で狭い階段でした。

アメリカ *USA*

サンフランシスコ（10月11日）

アメリカに着く前日から、船の食堂に変化がありました。こんなことは初めてです。衛生管理（？）が厳しいためなのか、生のものがいっさい食卓に上らなくなりました。滅菌梱包されている牛乳やジュースとパン、米飯もダメということで、味気ないものばかりになってしまいました。それに、アメリカの入国審査は世界一厳しいそうで、初めて一人ずつ対面での入国審査がありました。船内もちょっとピリピリモードです。なにか今アメリカが抱えている問題が、こんなところにも出てくるのかと思えるような一場面でした。

サンフランシスコの気候もカルフォルニア海流という寒流に支配されています。ということは、降水量は決して多くなく、東京の三分の一もありません。港の船着場には、アザラシなのかオットセイなのかわかりませんが、ゴロゴロと寝そべっているのが見えました。

早朝のサンフランシスコ港

ヨセミテ公園（10月12日）

シエラネバダ山脈の西山麓に広がっている国立公園で、アメリカの国立公園第一号としても知られています。氷河に削り取られた花崗岩の絶壁、U字谷、そこを流れ落ちる巨大な滝、無数の小川、またジャイアントセコイアの巨木の森等、自然豊かな地域です。

今回の旅の中で、水と緑の景色の中を歩いたのは、なんとベトナム、ジャマイカ以来です。もちろん緑の景色がなかったというわけではありませんが、森と滝と渓谷という景色は初めてです。日本ではどこにでもある見慣れた景色で、なんだかホッとしたものです。

日本では見慣れた森と水の風景に、久々に出会いました。

氷河に削り取られた
という雄大なU字谷。

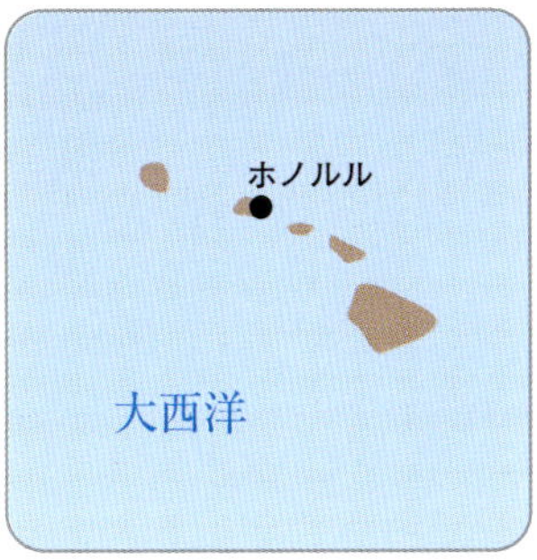

ハワイ（アメリカ） *Hawaii*

ホノルル（10月18日）

「ハワイ」といわれていますが、「ハワイイ」というのが原住民の呼び方だそうです。

港ではウクレレとフラダンスの出迎えを受けました。そのダンサーも税関の方達も誰もがふくよかです。ふくよかなのは見ている分には癒やし系でほほえましいのですが、もちろん超メタボ、問題も抱えていることでしょう。ケニアのナイロビですら、高血圧、糖尿病、高脂血症等の人が近年異常に増えているという話を聞いたのを思い出しました。原因は、もともと飢饉などに強い遺伝子を持っている人達にとって、急激な欧米食への変化は影響が強く出すぎ、寿命を縮めるということです。日本人の若者にも当てはまる状況かもしれません。

形も色も派手な熱帯の花がたくさん咲いていました。

メタボな人達

この木なんの木？　ネムノキの一種でした。

ノースショア（10月19日）

ノースショアというサーフィンのメッカであるオアフ島の北側の海岸を訪れました。ロハス（LOHAS）という言葉をこの頃よく聞きますが、これは「Lifestyles Of Health And Sustainability」（健康で再生可能な生活スタイル）の略語。ここではそんな生活スタイルを実践している人達との交流プログラムに参加しました。

先住ハワイ人の神の谷の一つであるワイメア渓谷にある植物園で、オーガニック・ランチの後、草刈り、そしてヨガ。夜は民宿に泊まり、自分達で食事の支度をするという、キャンプのような、それなりに楽しい２日間を過ごしました。ピースボートの交流ツアーの中でもユニークなもので、多分これからいっそう目を向けなければならない大切な分野でしょう。ピースボートでもこのような企画を増やして欲しいものと思いました。

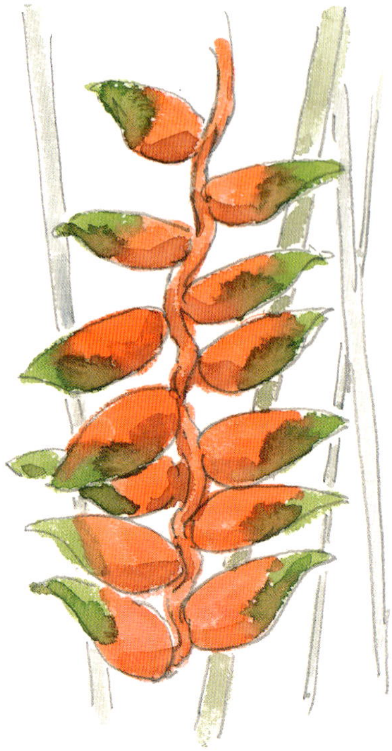

何という植物かはわかりませんが、けっこう大きく目立っていました。

残念ながら、大波ではないとのことでしたが…。

雨

土用の入りだというのに明け切らぬ梅雨の小雨に煙る横浜大桟橋を出港。そしてまた帰港時、秋の横浜港は時雨れていました。結局、今回の船旅で雨傘を開いたのは横浜だけでした。日傘としては活躍してくれましたけど…。洋上でスコールに見舞われたことはあったものの、陸地で経験した雨は、本当に横浜だけ。

考えてみれば、それはとても象徴的なことでした。ベトナム、ジャマイカとハワイ、それにヨセミテ公園だけは草木が生い茂る緑の風景でしたが、インド以降ケニア、エジプト、地中海沿岸地方、中南米と、今回私達が旅したところは九割方乾燥した茶色の大地や禿山でした。

そういう光景はテレビの画面では周知のこと、わかっているはずでしたのに、やはり実際そこに立ってみると違います。乾燥した空気の埃っぽい臭いが押し寄せてきて、日本との差を思い知らされ、ショックでもありました。喉や鼻は乾くし、肌もシワシワに。一緒に行った友人は自分の肌を見て、10歳も老けた気がすると話していました。ちょうど乾季にあたるところが多かったということもありましたけれど。

年間降水量を調べてみると、200〜300ミリと、とても少ない地域が多かったようです。どこでも水は大変な貴重品、ギリギリの生活をしていると見受けました。海に囲まれている島でも、寒流だと海水の蒸発がないためあまり雨が降らないのですね。目からウロコ、改めて気づかされました。

かつて、ローマ帝国が滅びたのも、寒冷化により雨が降らなくなり、作物ができなくなったことが原因とか。ほとんどの文明が、森を食べつくし、雨に見放されて滅んだ歴史を持っています。2025年には地球上の75パーセントの人達が水不足に陥るだろうという話も耳にしました。現在でも、異常気象により地球の各地で雨が少なくなったりしたらどうなるのかと心配になります。そんなところが実はとても多いのだということを、目の当たりにしました。

水先案内人の一人、桃井和馬さんの話の中に、今世界中で起きている紛争の背後には地球温暖化、食糧危機の影が見え隠れするということがありました。茶褐色の大地には多くの人は住めないでしょうし、穏やかに生活できないのではと思える光景が非常に多く、納得でした。

水は日本人の我々には想像もつかないほど貴重なのだということを、つくづく感じさせられました。日本ですら古い民家の屋根の端に書いてある文字は「水」です。長雨や豪雨も大変ですが、それ以上に雨乞いの意味が込められていたと聞きます。太古の昔から、渇水による飢饉に苦しんだことが多かったためでしょう。

日本は資源のない国といわれていますが、一番貴重な水という資源に恵まれている国なのだと思い知らされました。世界の気候に切迫した状況が訪れた時は、間違いなく一番大切な水に軍配が上がります。温暖化の影響で潮流に大きな変化が起こったり、黒潮の流れが変わるというようなことがなければの話ですが。

近年の異常気象や、人口大国が食糧輸入国に変わってきている状況を見ていると、食料をいつまで外国に頼っていけるのかは非常に疑問ですし、危険すぎます。アマゾンのような森林をこれ以上伐採しては困りますし、オーストラリアの農業にも、テキサスのように限りある地下水を使っているような農業にも限界があるのですから。

食料を輸入するということは、外国の土と水を搾取しているということです。砂漠気候の国の水を、水が豊かな国が奪っているという意識が必要です。奪う側、奪われる側、どちらにとっても好ましいことではありません。そんなアンバランスを是正するために、やはり食物は地産地消がベターだと思います。そしてもう一つ、環境に必要以上の負荷をかけないためにも、なるべく旬のものを食べるということを心がけたいものです。

未来へ

このところ連日報道されているニュースには、暗く、ため息がで出るようなものが多すぎます。今の文明が何か重い病気にかかりつつあるような気がします。この何ともいえないような愚かしさは人間の本性なのでしょうか。

太古からの多くの文明は、頂点を極めた時から崩壊が始まり消えていきました。お金がお金を生むという、今の世の中を席巻しているシステムには納得がいきません。お金に対する人間の飽くなき欲望は、未来をどこに運んでいくのでしょう？

ちょっとお金の計算が得意な人達だけが、豊かになっていくシステムは病んでいます。古いといわれようとも、やはりお金は汗水垂らして稼ぐものだと思います。汗水垂らして働いている人が報われないなんて…若者に働く気力がないといって責められるでしょうか？　経済という巨大な怪物のことを知らないからいえるたわごとなのかもしれませんけど。

今回の旅では、人間にとって何が幸せなのだろうと考えさせられるようなことも少なくありませんでした。

違和感というか不思議感からくる異文化体験やカルチャーショックもたくさんありました。

マラケシュのスーク（市場）、フナ広場の夕暮れ時、モスクのミナレット（塔）に人々が吸い込まれていきます。そして、流れ渡るアザーン（イスラム教の礼拝への呼びかけ）。食堂脇で小さな絨毯に膝をつき祈る人達。映像では何十回も見たシーンでしたが、やはりその時の夕日や風の寒さや強いミントの香りが不思議な気分とともに思い出されます。おそらく自分の中には全く存在しない文化であり、その価値観からかけ離れたものであればあるほど、不思議感は強いのだろうと思います。宗教に守られて幸せなのか、あるいは宗教に縛られて窮屈なのか、私にはわからないことだらけです。でも、それらは厳然と存在するのです。

どんなに交流や文化が進んでも交わらないものもあるのかもしれません。でも、認め合うことはできるのではないでしょうか…。今、イスラムの人達との衝突があちらこちらで起きていますが、資本主義が引き起こしている富と貧困の格差の大きさが根底にあるように思えてならないのです。

産業革命後の機械文明、資本主義も頂点を過ぎて今や問題山積、急速に凋落しつつあるように思えます。物が豊富になって、個人主義が進むとともに、人と人との和、共同体という意識も壊れかかっているようです。共産主義も全体主義も失敗に終わった今、世界中で一番成功した社会主義を築いたといわれる江戸時代のシステムを勉強してみたいと思いました。もちろん自然への畏敬を忘れないことを根底に置いてです。

タージ・マハルにて。この白亜の殿堂に入る時は、みんな裸足になります。

マラケシュのスーク。灯がともりだしたフナ広場。

振り返って思うこと

横浜港に近づき、帰りの荷づくりを始める頃になると、活動的でもなく、船内での付き合いもほどほどにしていた私でも、やはり何人かの友人ができ、名残惜しく寂しい気分になりました。積極的に船の企画に飛び込んでいった人達や、相部屋で寝食をともにした人達にとっての別れは、辛いものがあったに違いありません。

この船に乗っていろいろ考えて、チャレンジして、大切な友達ができたり、自信がついたという人が少なくないようでした。素敵で頼もしい若い人達が多かったなあというのが実感です。最後の数日、若者達は名残を惜しんで夜中まで起きていたようです。顔を会わせる人ごとにお別れの挨拶をして、抱き合っていました。きっと彼らの中で何かが変わったに違いありません。

旅という非日常の世界にいると、人は多かれ少なかれ何かを考えさせられます。誰でも体験によってものごとの認識が変わるものです。価値観も変わってきます。体験でしか学べないというのは情けない気もしますが、見て、聞いて、感じた時に背骨は太くなるのではないでしょうか。

心身を癒やしてくれる旅も魅力的ですが、ピースボートでの旅は、世界をより深く体感できるメニューがそろっていたような気がします。何を得るかは、感受性の強さや問題意識次第ということでしょうけれど。

私が絵画の世界に首をつっこんだのも、義父のスケッチのお供がきっかけでした。とにかく旅行は大好きで、風景を探していろいろなところに行っています。ことに、森の中を歩くのが大好きです。日本はどこに行っても緑の景色にはこと欠かないので、それが当り前のように思っていたのですが、今回の旅では、それがとんでもなく幸せなことなのだと思い知らされました。旅の間のスケッチに緑の絵具はいらないくらいだったのですから。

地球の温暖化、環境破壊というテーマが語られることが多く、またそれをさまざまな形で実感した旅でした。乾いた大地の旅から帰った今、日本の緑の美しさに改めて乾杯です。

2009年　久山一枝

久山一枝（くやま・かずえ）

静岡県出身。埼玉県朝霞市在住。
1967年　東京芸術大学工芸科卒業。
1969年　同大学院彫金科修了。
　　　　岩上青稜師に水墨画を学ぶ。
1994年　日本クラフト展にて日本クラフト賞受賞。

現在

新水墨画協会主宰。毎年「日本の美しい自然」展を開催。朝日カルチャーセンター東京、池袋西武コミュニティ・カレッジ、読売日本テレビ文化センター京葉、朝日旅行会「ゆっくり歩くスケッチの旅」各講師。日本クラフトデザイン協会会員。

著書

『尾瀬の四季』、『水墨画練習帖・基礎篇』、『同・応用篇』、『水墨で描く風景画』、『水彩スケッチの場所えらび』、『旅先からの淡彩スケッチ』、『淡彩の富士36景』、『手軽に描く水彩スケッチ』、『尾瀬の光と風』、『失敗しない水彩の色づくり』（以上日貿出版社刊）。「季刊水墨画」（日貿出版社）、「趣味の水墨画」（日本美術教育センター）の描法特集等を執筆。

水彩《すいさい》スケッチ地球一周《ちきゅういっしゅう》の旅《たび》

ピースボート101日《にち》の絵日記《えにっき》

●定価はカバーに表示してあります

2009年 3月25日　初版発行

著　者　久山一枝《くやまかずえ》
発行者　川内長成
発行所　株式会社日貿出版社

東京都千代田区猿楽町 1 - 2 - 2　日貿ビル内〒101-0064
電話　営業・総務（03）3295-8411／編集（03）3295-8414
FAX（03）3295-8416
振替　00180-3-18495

印刷　株式会社シナノパブリッシングプレス
本文レイアウト・装丁　新井美樹

落丁・乱丁本はお取り替え致します。

ISBN978-4-8170-3750-3　http://www.nichibou.co.jp/